Do Diálogo e do Dialógico

Coleção Debates
Dirigida por J. Guinsburg

Equipe de realização – Tradução: Marta Ekstein de Souza Queiroz e Regina Weinberg; Revisão: Plinio Martins Filho; Produção: Ricardo W. Neves e Sergio Kon.

martin buber
DO DIÁLOGO E DO DIALÓGICO

PERSPECTIVA

Título do original alemão
Das Dialosgische Prinzip

Copyright © Raphael Buber

Dados Internacionais de Catalogação na Publicação (CIP)
(Câmara Brasileira do Livro, SP, Brasil)

Buber, Martin, 1878-1965.
   Do diálogo e do dialógico / Martin Buber ;
[tradução Marta Ekstein de Souza Queiroz e Regina
Weinberg]. — São Paulo : Perspectiva, 2014. —
(Debates ; 158 / dirigida por J. Guinsburg)

   Título original: Das dialogische Prinzip.
   3a reimpr. da 1.ed. de 1982
   Bibliografia.
   ISBN 978-85-273-0747-5

   1. Deus - Conhecimento 2. Diálogo
3. Kierkegaard, Sören, 1813-1855 - Crítica e
interpretação 4. Relacionismo 5. Teologia
dialética I. Guinsburg, J.. II. Título. III. Série.

05-7199   CDD-128.4

Índices para catálogo sistemático:
1. Diálogo : Filosofia 128.4
2. Filosofia do diálogo 128.4

1ª edição – 3ª reimpressão
[PPD]

Direitos reservados em língua portuguesa à
EDITORA PERSPECTIVA LTDA.

Av. Brigadeiro Luís Antônio, 3025
01401-000 São Paulo SP Brasil
Telefax: (011) 3885-8388
www.editoraperspectiva.com.br

2021

SUMÁRIO

Prefácio do Tradutor 7

A Idéia de Paz na Filosofia de M. Buber — Marcelo Dascal . 11

DIÁLOGO
1. Descrição. 33
  1. *Recordação Primeira* 33
  2. *O Silêncio que é Comunicação*. 35
  3. *As Opiniões e o Fato Concreto.* 36
  4. *Colóquios em Torno da Religião.* 38
  5. *Colocação da Questão* 40
  6. *Observar, Contemplar, Tomar Conhecimento*
     Íntimo. 41

7. *Os Signos*	43
8. *Uma Conversão*	46
9. *Quem Fala?*	47
10. *Em Cima e Embaixo*	48
11. *Responsabilidade*	49
12. *Moral e Religião*	50

2. Limitação	53
1. *Os Domínios*	53
2. *Os Movimentos Básicos*	56
3. *A Profundidade sem Palavras*	59
4. *Do Pensamento*	60
5. *Eros*	63
6. *Comunidade*	65

3. Confirmação	69
1. *Colóquio com o Adversário*	69

A QUESTÃO QUE SE COLOCA AO INDIVÍDUO

1. "O Único e o Indivíduo	79
2. O Indivíduo e Seu Tu	91
3. O Indivíduo e a Coisa Pública	101
4. O Indivíduo na Responsabilidade	111
5. Tentativas de Dissociação	119
6. A Questão	129

ELEMENTOS DO INTER-HUMANO

1. O Social e o Inter-Humano	135
2. Ser e Parecer	141
3. O "Tornar-se Presente" da Pessoa	145
4. Imposição e Abertura	149
5. A Conversação Genuína	153
6. Observação Posterior	157
Posfácio: A História do Princípio Dialógico	159

PREFÁCIO DO TRADUTOR

Os ensaios reunidos nesta coletânea constituem, de certa forma, uma evolução e explicitação da filosofia do diálogo desenvolvida por Buber em *Eu e Tu*[1], considerada por muitos a mais importante obra do autor. O cerne do pensamento de *Eu e Tu* (publicado em 1923) é a tão citada frase: "Toda vida verdadeira é encontro". Eu só existo na medida em que digo Tu ao outro, aceitando-o irrestritamente em sua alteridade, com a totalidade do meu ser, e por ele sou assim aceito. O Eu sem o Tu é apenas uma abstração.

---

1. Tradução de Newton Aquiles von Zuben, Editora Cortez e Moraes, São Paulo, 1977.

Poderíamos compreender assim a conceituação de diálogo e situação dialógica. A preocupação para com estes transparece nos escritos de Buber aqui publicados. O próprio autor diz na sua Introdução a *Between Man and Man*[2] que "o ensaio *Diálogo* originou-se do desejo de esclarecer o princípio 'dialógico' apresentado em *Eu e Tu,* de ilustrá-lo e de tornar precisa a sua relação com as esferas essenciais da vida". Parece-nos que esta afirmação pode abranger toda esta publicação.

Para realizar plenamente o seu Eu, o homem precisa entrar em relação dialógica com o mundo — ele precisa dizer Tu ao outro, e este dizer -Tu só se fez com a totalidade do ser. É preciso perceber e aceitar o outro "na sua totalidade, na sua unidade e sua unicidade". É preciso que ele se torne presença para mim.

O diálogo genuíno só se dá em clima de plena reciprocidade, quando o indivíduo experiencia a relação também "do lado do outro", sem contudo abdicar à especificidade própria.

No ensaio *Diálogo* (publicado em 1930) Buber distingue entre o genuíno diálogo — "que não necessita de nenhum som, nem sequer de um gesto" — e o monólogo disfarçado de diálogo. "O mais ardoroso falar de um para o outro não constitui uma conversação." O encontro, o diálogo verdadeiro, se dá quando "cada um em sua alma volta-se-para-o-outro de maneira que, daqui por diante, tornando o outro presente, fala-lhe e a ele se dirige verdadeiramente... As palavras que nos são transmitidas traduzem-se para nós no nosso humano voltar-se-um-para-o-outro".

O que Buber chama de dialógico não é apenas o relacionamento dos homens entre si, mas é o seu comportamento, a sua atitude um-para-com-o-outro, cujo elemento mais importante é a reciprocidade da ação interior. Numa situação dialógica, o homem que está face a mim nunca pode ser meu objeto; eu "tenho algo a ver com ele". "Talvez eu tenha que realizar algo nele; mas talvez eu apenas tenha que aprender algo e só se trata do meu 'aceitar'... O que importa agora é unicamente que eu me encarregue deste responder."

Não é somente um outro homem que se torna um Tu para mim — pode ser um animal, uma árvore, até uma pedra e, através de todos esses, Deus, o Tu Eterno. "Nada pode se recusar a

---

2. Traduzido para o inglês por Ronald Gregor Smith, Macmillan Publishing Co., Inc., New York, 1975.

servir de recipiente à palavra." E eu devo apenas estar presente, estar aí, atento, abrindo o meu ser em toda sua totalidade para perceber a palavra que me é dirigida pelos acontecimentos do mundo e recebê-la como *minha* palavra — recebê-la e responder a ela e por ela.

É o mundo através dos seus acontecimentos do dia-a-dia que se dirige a mim. Tudo o que me acontece diz algo a mim de uma forma única, numa linguagem nunca antes pronunciada. "Nós respondemos ao instante, mas respondemos ao mesmo tempo por ele, somos responsáveis por ele. . ."

A vida dialógica não implica de forma alguma uma perda de individualidade. Pelo contrário, Buber insiste, justamente a este respeito, na distinção entre a coletividade e a comunidade:

> a coletividade fundamenta-se numa atrofia organizada da existência pessoal; a comunidade, no aumento e na confirmação desta existência, no interior da reciprocidade.

Em *A Questão que se Coloca ao Indivíduo* (elaboração de uma conferência pronunciada em 1933) o autor faz uma severa crítica a Kierkegaard para quem o homem deve renunciar ao mundo, a toda e qualquer relação essencial com o outro, e deve "falar essencialmente consigo mesmo e com Deus". Mas que Deus seria este, que exigiria de nós a renúncia aos outros homens, à sua própria criação? "A criação não é uma barreira no caminho que leva a Deus, ela é este próprio caminho." Deus e o homem não são rivais. Deus quer que nós venhamos a ele através do mundo que criou e não através da nossa renúncia a ele. "Não é possível que a relação da pessoa humana com Deus seja estabelecida pela omissão do mundo." Pelo contrário, o Indivíduo deve aceitar em sua integralidade a parcela do mundo que lhe é confiada, ele deve "circundar com seus braços este triste mundo, cujo verdadeiro nome é criação". Deve aceitar a hora histórica que a ele se dirige em toda a sua alteridade e perceber a mensagem que nesta hora lhe é dirigida, reconhecer que é a ele que a questão se dirige e responder.

Buber insiste sobre a posição Indivíduo na responsabilidade. E esta posição não se altera na comunidade. O grupo não pode aliviar-nos da nossa responsabilidade, ele não pode responder por nós.

> Não temos aqui de modo algum em mente que o homem deva, sozinho e desaconselhado, buscar a resposta no seu próprio seio. . . Mas a orientação não deve substituir a decisão; nenhuma substituição é aceita.

Aquele que tem um mestre pode entregar-"se" a ele, pode entregar-lhe sua pessoa física, mas não sua responsabilidade. Para esta, ele precisa empreender o caminho ele mesmo...

Elementos do Inter-humano (de 1953) explora a esfera do "entre", o espaço onde se realiza o diálogo, o encontro entre Eu e Tu. O sentido deste diálogo não se acha "nem em um dos dois parceiros, nem nos dois em conjunto, mas encontra-se somente neste encarnado jogo entre os dois, neste seu Entre".

O autor frisa a distinção entre a esfera do "inter-humano" e a do puramente "social" no qual os homens se acham ligados por experiências e acontecimentos em comum, sem que necessariamente haja relações pessoais entre os diferentes membros do grupo.

Naturalmente o domínio do inter-humano estende-se muito além do domínio da simpatia... A única coisa importante é que, para cada um dos dois homens, o outro aconteça como este outro determinado; que cada um dos dois se torne consciente do outro de tal forma que precisamente por isso assuma para com ele um comportamento, que não o considere e não o trate como seu objeto mas como seu parceiro num acontecimento da vida, mesmo que seja apenas uma luta de boxe. É este o fator decisivo: o não-ser-objeto... A esfera do inter-humano é aquela do face a face, do um-ao-outro; é o seu desdobramento que chamamos de dialógico.

Finalmente o *Posfácio* dá-nos um apanhado do clima intelectual em que se desenvolve a filosofia do diálogo de Buber, a afinidade do seu pensamento com a busca de outros pensadores preocupados com esta mesma filosofia, cujas obras se desenvolvem às vezes em caminhos estranhamente paralelos ou convergentes.

A IDÉIA DE PAZ NA FILOSOFIA DE MARTIN BUBER*

Marcelo Dascal

> *. . . el hombre nunca sabe para quién padece y espera. Padece y espera y trabaja para gentes que nunca conocerá, y que a su vez padecerán y esperarán y trabajarán para otros que tampoco serán felices, pues el hombre ansía siempre una felicidad situada más aliá de la porción que le es otorgada. Pero la grandeza del hombre está precisamente en querer mejorar lo que es. En imponerse tareas. En el Reino de los Cielos no hay grandeza que conquistar, puesto que a llá todo es jerarquia establecida, incógnita despejada, existir sin término, impossibilidad de sacrifício, reposo y deleite. Por ello, agobiado de penas y de tareas, hermoso dentro de su miseria, capaz de amar en medio de las plagas, el hombre solo puede hallar su grandeza, su máxima medida en el Reino de Este Mundo.*

> **Alejo Carpentier**

---

* Trabalho apresentado na III Semana Internacional de Filosofia, Salvador, 17 a 23 de julho de 1976.

Se consultarmos nosso conhecimento interno profundo a respeito do que ordena Deus à humanidade, não hesitaremos um só instante em dizer que é a paz.

Mordechai Martin Buber

Para encontrar a significação de uma idéia, temos que examinar as conseqüências da ação para as quais essa idéia nos leva; de outro modo a disputa sobre essa idéia poderá eternizar-se, sem nenhum fruto.

Charles Sanders Peirce

À primeira vista, nada mais impróprio do que a justaposição dos textos de Buber e Peirce. De um lado, o espiritualismo de Buber, a olhada para "cima", sugerida pela menção de Deus. De outro, o pragmatismo de Peirce, colocando como condição da própria significação de uma idéia o exame de suas conseqüências práticas. A oposição é, porém, apenas aparente. Porque Buber, longe de ser um filósofo especulativo "típico", alheio – em sua reflexão filosófica – ao que passa ao seu redor, é, pelo contrário, um homem-de-ação no sentido pleno do termo: sua ação política, social e humana é permeada por sua filosofia; e sua reflexão filosófica é toda ela, mesmo quando parece pairar em alturas místico-míticas, absolutamente alheias à realidade deste mundo, orientada, em última análise, para o concreto, para o homem e sua esfera de ação, para o reino deste mundo. Se, no turbilhão dos acontecimentos, volta-se para o plano da idéia, para o espiritual, não é para encontrar lá um refúgio, para escapar à tormenta, mas sim porque acredita no poder da idéia como guia de ação e como instrumento para a compreensão e transformação da realidade.

A orientação para o concreto, a capacidade de agir sobre ele é, aos olhos de Buber, um elemento constitutivo do espiritual e, como tal, deve figurar em qualquer tentativa de defini-lo satisfatoriamente. É sobretudo por ignorar tal requisito que peca, segundo Buber, a antropologia filosófica de Max Scheler, entre outras. Ao "espírito impotente" descrito por Scheler, um espírito que "em sua forma pura é desprovido de qualquer poder" (Buber, 1942, p.126), Buber opõe a concepção do espiritual como dotado de poder, talvez não no sentido de uma força que produz mudanças imediatas, mas pelo menos como uma "capacidade de pôr em movimento semelhantes forças, de forma direta ou indireta" (1942, p. 127). Face à tentativa de Scheler de definir o espírito através de seu afastamento da experiência imediata, de sua não imiscuição com o concreto, Buber concebe o espiritual como intimamente entrelaçado com o mundo, com a vida, com a ação. Para ele, "não há outro espírito a não ser aquele que se nutre da unidade da vida e da união com o mundo" (1942, p. 138-139). E, ao contrário de Scheler, a imagem que nos propõe para ilustrar a natureza do conhecimento não é a do espetáculo em que o espírito contempla, de fora, seu objeto, mas sim a da iniciação, em que o iniciado participa diretamente na "dança", "penetra" a realidade que pretende conhecer (1942, p.133)[1].

Esta concepção do espiritual como orientado para a ação, Buber a retira das profundezas da tradição judaica. "Aquele que estuda sem a intenção de agir", diz o *Talmud,* "melhor seria que nunca fosse criado" (1934, p.141). O conceito bíblico de *chochmá* (sabedoria) é, segundo Buber, profundamente distinto da *sofía* grega: enquanto este último se refere a um conhecimento contemplativo, valorizado em si mesmo, aquele se volta inteiramente para a união entre conhecimento e vida. O saber desvinculado da ação é considerado estéril, um desvirtuamento da função primordial do espírito:

> Aquele cuja sabedoria ultrapassa suas ações [é novamente o *Talmud* que nos fala] a que se parece? A uma árvore com muitos ramos e poucas raízes: um vento qualquer a arranca e derruba. Mas aquele cujas ações ultrapassam sua sabedoria a que se parece? A uma árvore com poucos ra-

1. "(Scheler) apresenta este exemplo:um homem tem uma dor no braço. A inteligência pergunta como surgiu essa dor e como poderia ser eliminada, e responde à pergunta com a ajuda da ciência. O espírito toma essa mesma dor como exemplo da condição essencial de que o mundo se acha impregnado de dor, interroga a respeito da essência da própria dor e, ainda mais alto, se pergunta como deve ser o fundamento das coisas para que seja possível algo como a 'dor em geral' ... Não se conhece a essência da dor afastando-se o espírito dela, refestelando-se, por assim dizer, em uma poltrona para contemplar o espetáculo da dor, como um exemplo real; aquele cujo espírito não fica de fora e se desrealiza, mas se lança a fundo na dor real, se assenta nela, se identifica com ela, enche-a de espírito, e é então que a dor se lhe abre, em tal intimidade. Não se obtém conhecimento mediante a desrealização, mas sim presicamente penetrando a realidade concreta..." (Buber, 1942, p. 132-133).

mos mas muitas raízes; mesmo se todos os ventos do mundo viessem a soprar sobre ela, não se moveria (*ibid.*, 141-2).

Isto não implica, porém, uma glorificação da ação *per se*, um mero ativismo. A ação não guiada pelo conhecimento sucumbe inevitavelmente na "problemática abissal do momento" e é incapaz de "libertar-nos das limitações e ligar-nos ao incondicional" (*ibid.*, p.144). Os sábios do *Talmud* concluem um debate sobre o que é mais importante, ensinamento ou ação, afirmando unanimemente: "Os ensinamentos são mais importantes, porque eles engendram as ações". Mas não se trata de uma contradição, explica Buber. Tomadas em conjunto, as duas teses se complementam, apontando para a interdependência essencial, o laço inseparável que une reflexão a ação.

Finalmente, para eliminar qualquer dúvida porventura restante a respeito da aplicabilidade da exigência de Peirce ao caso de Buber, basta lembrar que durante toda uma longa vida Buber procurou sempre *agir* e agir de acordo com sua doutrina do "poder do espírito". E apesar de ter vivido as duas guerras mundiais e a guerra de independência de Israel, uma idéia de cujo "poder" jamais duvidou e que sempre lhe serviu de guia foi justamente a idéia de paz. Não é esta a ocasião para contar a história de seus esforços incansáveis em favor da paz entre judeus e árabes, uma história que sem dúvida merece ser melhor conhecida[2]. Creio que a opinião de Dag Hammarskjöld, que em 1959 propôs o nome de Buber como candidato ao Prêmio Nobel da Paz, pode ser tomada como uma indicação suficiente do valor de tais esfor-

---

2. Desde seu primeiro discurso sobre a questão das relações entre judeus e árabes no XII Congresso Sionista, em 1931, até praticamente sua morte, Buber não deixou jamais de procurar de todas as formas influir sobre o movimento sionista para que levasse em conta os direitos e aspirações dos árabes da Palestina, em suas decisões. Depois de imigrar para a Palestina, em 1938, fundou um grupo político com o nome de Brit-Shalom (O Pacto da Paz), – e mais tarde o Ichud ou União para a Palestina – cuja plataforma continha, entre outras coisas, a idéia de um Estado binacional árabe-judeu na Palestina, assim como propostas detalhadas de como resolver os diferentes problemas existentes (cf. Buber, Magnes e Smilansky, 1946). Também depois da criação do Estado de Israel, que aceitou como um fato político ("Aceitei como meu o Estado de Israel, a forma da nova Comunidade Judaica que surgiu da guerra", 1958, p. 257), continuou lutando pela aproximação com os árabes. Infelizmente, suas idéias radicais a este respeito até hoje sempre foram minoritárias, no seio da comunidade judaica, e encontraram pouco ou nenhum eco na comunidade árabe.

ços. Um pequeno episódio servirá para ilustrar o profundo *engagement* pessoal de Buber na causa da paz. No início da década de 60, Buber, juntamente com Bertrand Russell, Martin Luther King e outros, concordou em apoiar a formação de uma "Brigada Internacional da Paz". A cerimônia de fundação da Brigada deveria ser realizada em dezembro de 1961, no Líbano. Aos 83 anos de idade, doente, Buber decidiu empreender a jornada ao Líbano, cheia de dificuldades previsíveis e imprevisíveis, na esperança de poder desta forma contribuir para o início de um diálogo entre israelenses e árabes. A proibição terminante de seu médico impediu-o finalmente de ir, e seu desapontamento por isso foi indescritível... (Hodes, 1972, pp.72-5).

Justifica-se assim, do interior do pensamento e da ação de Buber, a tentativa de esclarecer sua concepção de paz, de determinar de maneira mais precisa sua significação, através do procedimento sugerido por Peirce: o exame de suas "conseqüências de ação". Não se trata de procurar emitir um juízo a respeito das ações específicas empreendidas pelo próprio Buber em nome de sua idéia de paz[3], embora elas possam servir para iluminar um ou outro aspecto dessa idéia. Como todo o ser humano, ele pode ter falhado ao passar da idéia à ação concreta. Seria igualmente fútil esperar desta análise uma receita pormenorizada de como cada um deve agir para que a paz seja atingida. Trata-se, antes, de procurar ver como uma certa concepção da paz se associa intimamente a uma certa filosofia do homem e da sociedade, formando assim a base de uma doutrina ética suficientemente específica para, ao contrário da grande parte da ética contemporânea que aspira à "neutralidade", poder servir de guia global de ação aos que estão dispostos a deixar-se persuadir por seus argumentos e adotá-la.

Talvez o caminho natural a tomar nesta exposição fosse começar pelas teses de Buber a respeito do ser humano individual, passando depois, passo a passo, às esferas do interindividual, como do cultural, do social, do nacional e do político – esta última, a esfera em que se costuma definir o conceito de paz. Tomarei, porém, o caminho inverso, já que parti da noção do "poder do espírito" em sua forma mais geral.

---

3. Uma ação ou conjunto de ações não se "segue" de uma doutrina ou conjunto de idéias como uma conclusão de um argumento dedutivo, isto é, com necessidade lógica. No máximo, um raciocínio determinado pode "engendrar" uma ação no sentido de criar uma motivação forte para agir dessa forma (cf. sobre isto Black, 1975).

15

A comparação com Scheler novamente se impõe. Para Scheler a idéia de "paz perpétua" é, em si mesma, absolutamente clara; sem qualquer modificação substancial acompanha o homem desde a Antiguidade até nossos dias e encontra-se nas mais diferentes culturas (Scheler, 1953, p.23). O que exige explicação não é a natureza da idéia de paz, mas sim o fato paradoxal de que, apesar de ter sido defendida pelos maiores e mais puros gênios da humanidade em todas as épocas, a idéia de paz "não levou a praticamente nenhum resultado, nem mesmo a começos de realização certos e distintamente reconhecíveis" (*ibid.*, p.25). Não seria essa ineficiência no plano da realidade histórica um sinal de que há algo errado com a idéia de paz perpétua? — pergunta Scheler. E sua resposta é incisiva: não. Porque o espiritual por si só, a idéia pura ou o puro valor moral, são desprovidos de poder. A eficácia que pode vir a ter uma idéia não depende de sua própria natureza, mas sim de seu encontro conjuntural e fortuito com "grandes interesses de grupo ou de massa formados segundo suas leis próprias" (*ibid.*, p.28). São esses interesses, tendências dinâmicas, impulsos e instintos que constituem a única fonte de poder. Uma idéia — por mais perfeita, justa e recomendável que seja — tem que aguardar pacientemente o surgimento de interesses suficientemente poderosos, que "aspirem" a ela, para então transformar-se em uma "força", em uma "vontade política". A explicação da ineficácia histórica da idéia de paz perpétua torna-se então óbvia: em nenhum momento da história do homem surgiu uma conjuntura de interesses tal que permitisse sua realização. Scheler acredita, porém, na existência de certas "leis que dirigem o progresso da evolução", leis que levarão, finalmente, ao surgimento da conjuntura apropriada para o advento da paz perpétua. Em essência, o processo que antevê é um processo de "sublimação" do instinto de poder, cujo objeto se modifica progressivamente: "da violência ao poder, do poder físico ao poder espiritual, do poder sobre os homens ao poder sobre a natureza, primeiro sobre a natureza orgânica, depois sobre a inorgânica" (*ibid.*, p.64). Paralelamente, a "guerra" passa por um processo de reorientação:

> A luta entre homens e entre grupos humanos recebe. . . pouco a pouco, cedendo lugar à luta comum, um combate coletivo, em cooperação, que a humanidade trava com a natureza infra-humana (*ibid.*, p.65).

Uma vez atingido esse estágio, o combate coletivo absorverá a maior parte do instinto de poder, e a paz perpétua, isto é, a ausência de guerras intra-humanas, estará praticamente garantida[4]. Aplicado à Europa, este princípio significa que o que é preciso fazer para promover a paz européia é fixar *tarefas européias comuns*, "tarefas cuja realização em cooperação permitiria aos povos (europeus) unir-se e atenuar suas paixões guerreiras" (*ibid.*, p.138). Todas as formas de pacifismo de nada servem para tal fim. Em particular, de nada serve o "pacifismo cultural", a idéia de uma vasta confederação de intelectuais de todas as nações, que se preocuparia, entre outras coisas, em esclarecer os povos a respeito das conseqüências nefastas da guerra. Porque "não é o saber intelectual que põe em marcha nosso viver e nosso agir, mas sim o possante instinto da vida" (*ibid.*, p. 137).

O fundamental para Scheler, portanto, é mobilizar as fontes do poder — instintos, interesses, tendências dinâmicas — sob o estandarte da idéia de paz. Em outras palavras, trata-se de converter a paz no interesse dominante, no *instrumento* principal de satisfação do instinto de poder. Isto não exige, porém, nenhuma transformação radical da estrutura social, cultural e nem mesmo política reinantes. Apenas aquela re-orientação do instinto de poder que chamei anteriormente de "sublimação" é requerida. E ela pode ser obtida dentro das estruturas vigentes, porque depende, em essência, de uma re-organização apropriada das forças políticas em jogo no cenário mundial[5].

Muitas vezes, a linguagem usada por Buber para descrever vários aspectos do processo de obtenção da paz é extremamente semelhante à de Scheler. Por exemplo, em uma entrevista à revista *Life*, em 1962, Buber sugere que a paz poderia ser obtida

4. O equilíbrio assim obtido seria devido ao fato do sistema operar "eficientemente", isto é, de forma que qualquer modificação na distribuição de "bens" dada (neste caso, incluindo, evidentemente, vantagens político-militares, econômicas, etc.) tivesse sempre que prejudicar algum membro (estados), ao mesmo tempo que beneficiasse outros. Ou seja, sempre algum membro teria a perder com toda e qualquer modificação. Neste sentido, a situação existente — a situação de paz — seria "vantajosa para todos", isto é, seria "interesse" geral mantê-la. Entretanto, este princípio de eficiência não leva em conta e portanto não garante a justiça da distribuição dos "bens". E isto introduz um fator de instabilidade fundamental e requer a análise da situação em termos de um outro princípio, além do da eficiência, um princípio de "justiça" (aplico aqui noções desenvolvidas por Rawls, 1971, pp. 67-75).

5. Mesmo quando Scheler (pp. 108-119) rejeita o que chama de "pacifismo jurídico", incluindo as diferentes formas de organismos internacionais existentes (Liga das Nações), entre cujos defensores se encontra Kant, as razões que alega dizem respeito, essencialmente, à sua ineficácia *política*.

se as partes em conflito distinguissem claramente entre seus interesses comuns e seus interesses opostos, e tratassem então de chegar a um compromisso, como "bons mercadores". Esse compromisso deve ser algo de positivo,

> uma forma de cooperação na solução dos enormes problemas que enfrenta hoje em dia a humanidade. O modo de se chegar a isso seria que as partes conversassem como bons mercadores. Estes. . . descobrem que os interesses comuns são realmente maiores, apesar das aparências, que os interesses opostos, tentam chegar a um entendimento para resolver os problemas comuns. Que eu saiba, nenhum político tentou este caminho (Hodes, 1972, p.120).

Aparentemente, portanto, Buber – como Scheler – acredita que a paz pode ser obtida por meio de um "cálculo de interesses", do qual resultaria a "cooperação" como interesse predominante. Este interesse predominante, além disso, se tornaria o objeto de "uma forte vontade dos povos de explorar e administrar *conjuntamente* o planeta Terra, seus territórios, jazidas de matérias-primas e populações" (Buber, 1950, p.194); "vontade" essa que lembra de perto a "vontade política" e o "instinto de poder" de Scheler.

Entretanto, essa semelhança de linguagem esconde diferenças profundas, relativas tanto à natureza da paz a ser aspirada quanto ao modo de atingi-la.

Uma paz que consiste apenas na cessação da guerra, obtida por meio de compromissos políticos, não é, segundo Buber, uma verdadeira paz. "A verdadeira paz, a paz que seria uma solução real, é a paz orgânica" (Hodes, 1972, p.119). Tal "paz orgânica" significa acima de tudo a cooperação das partes para a melhoria de suas condições de vida e de sua cultura; e para a eliminação das diferenças existentes entre elas. Mas essa cooperação não pode surgir apenas como o interesse dominante, resultante de um "cálculo de interesses". Ela tem que ser uma cooperação não puramente "interesseira", mas mais profunda, resultante de uma "mudança nos corações" dos dois lados da fronteira (*ibid.*, p.118). Se fala ainda de interesses, Buber opõe os "interesses genuínos" aos interesses de momento: só os primeiros são capazes de engendrar a "solidariedade profunda e constante" capaz de superar os interesses e conflitos (*ibid.*, p. 107). Referindo-se – já em 1921! – ao futuro das relações entre judeus e árabes na Palestina, Buber insiste em que somente o reconhecimento por outros dos seus interesses genuínos fará

18

surgir nos corações dos membros das duas nações sentimentos de respeito mútuo e de boa vontade, que atuarão sobre a vida tanto da comunidade como de cada um de seus membros. Só então se encontrarão os dois povos em um novo e glorioso encontro histórico (*ibid.*, p.107).

E, na sua opinião, o que mais poderia contribuir para o advento da paz orgânica, da cooperação real, entre judeus e árabes seria "a influência do melhor que Israel produziu, as novas formas de vida social, sobre o povo árabe" (*ibid.*, p. 119)[6].

A verdadeira paz, portanto, requer mudanças profundas, tanto na vida individual de cada um como nas estruturas sociais. Uma mudança no plano puramente *organizacional,* isto é, político, de nada serviria. Pelo contário, a mera criação de instituições políticas internacionais, dotadas de poder suficiente para controlar a exploração conjunta dos recursos do planeta, por exemplo, pode ser muito mais perigosa do que útil, se não for acompanhada por modificações radicais no plano individual e social. O perigo, nesse caso, seria o de

um centralismo planetário, que devoraria toda a comunidade livre. Tudo depende de que não entreguemos ao princípio político a tarefa de explorar os recursos da terra (Buber, 1950, pp. 194-5).

Esse perigo nada mais é que uma das manifestações — a mais grave, talvez — de um fenômeno que, aos olhos de Buber, constitui um dos problemas cruciais da humanidade, hoje em dia: o problema do *excesso de poder* (político). Para compreendê-lo, é preciso examinar uma das dicotomias básicas com que opera Buber, a oposição entre o social e o político.

Segundo Buber, um dos erros mais comuns e graves em filosofia social é — no passado como no presente — a confusão entre os dois fundamentos da inter-ação humana, o fundamento político e o fundamento social. O primeiro tem a ver essencialmente com a noção do poder, de dominação, e com as formas de institucionalização e organização que lhe são associadas. O segundo também requer um mínimo de organização para sua existência, mas tal elemento não é de nenhuma forma seu componente essencial. O que é essencial em todo aspecto não político da vida social, é o fato de que "os homens se ligam entre si e se reúnem, sob a égide de laços mútuos" (1965a, p.397), na qualidade de

---

6. Ele se refere aqui às formas de vida comunitária, principalmente aos *kibutzim,* desenvolvidas pelos pioneiros judeus na Palestina. Para Buber, esse tipo de comunidade poderia servir de modelo e de incentivo para a reforma agrária e econômica, indispensável para o desenvolvimento do povo árabe na Palestina.

"pessoas ao mesmo tempo dependentes e independentes entre si" (1950, p. 191). É esse tipo de ligação inter-humana, e não a ligação baseada na dominação, a cooperação imposta, característica da forma de organização política, que constitui o "mundo social", por cuja criação o homem efetivamente se distingue dos demais animais. Uma comunidade baseada no fundamento social é uma *união entre seres semelhantes*. Isto garante, por um lado, a autonomia relativa de cada indivíduo em seu selo, a possibilidade desse indivíduo explorar sua capacidade de improvisação, de criação espontânea, e, por outro, através do reconhecimento e responsabilidade mútuos de seus membros, a coesão social necessária para seu funcionamento orgânico (1950, p.192). Comunidades "autênticas" desse tipo sempre existiram como forma de agrupamento humano, nas mais diversas culturas, mas raramente foram reconhecidas como tais e claramente distinguidas das formas de organização política. Um exemplo é a comunidade camponesa tradicional na China, que serviu de base para a filosofia social de Lao-Tsé, onde se reserva um lugar bem definido, entre o indivíduo e o Estado, a esses entes sociais *par excellence* que são a família e a comunidade (Buber, 1965a, p.399). A "sociedade" em geral é composta não por indivíduos, mas por uma multiplicidade de agrupamentos sociais desse tipo. "Não só de famílias, como pensava Comte, mas de grupos, círculos, uniões profissionais, culturais, comunidades" (*ibid.*, p.409). As relações entre esses grupos sociais são regidas pelos princípios de autonomia funcional, reconhecimento mútuo e responsabilidade mútua (1950, p.192). E a existência de uma pluralidade desse tipo no seio da sociedade, intercalando-se entre o indivíduo e a organização política do Estado, é – segundo Buber – condição *sine qua non* para a vitalidade da sociedade humana, para a preservação da "espontaneidade social"[7], fundamento de toda criatividade. Ignorar essa pluralidade do social e suas manifestações, e fazer do poder político o componente principal da vida social, é distorcer perigosamente os fatos. Esse o erro de Russell[8] e esse

---

7. Compare-se isto com a tese de Rousseau: "Para que a vontade geral venha a expressar-se é preciso que não haja sociedades parciais no seio do Estado" (citado em Buber, 1965a, p. 405). A esta concepção se opõe não somente Buber, mas também um filósofo pertencente à tradição analítica, como John Rawls, para quem a "sociedade bem ordenada" é uma "união social de uniões sociais", sendo que uma "união social" é uma "comunidade de indivíduos que tem metas em comum e atividades em comum *valorizadas em si mesmas*" (Rawls, 1971, pp. 522-525; grifo meu).

8. Em Russell, 1938 (cf. Buber, 1965a, p. 397).

também o erro de Hegel, cuja descrição da sociedade moderna peca, segundo Buber, precisamente por omitir totalmente as manifestações da "sociabilidade":

> a solidariedade, a ajuda mútua, a amizade leal, o entusiasmo ativo na realização de um empreendimento conjunto; falta na descrição oferecida por Hegel – toda aquela espontaneidade social criadora, que, apesar de não ser unificada e controlável como o é a força do Estado, existe em abundância num grande número de fenômenos sociais (1965 a, p. 407).

A grande crise da humanidade, hoje em dia, provém do fato de que, embora não tenha desaparecido totalmente, esse fundamento "social" tenha sido inteiramente subjugado pelo fundamento político. Buber não nega a legitimidade e a necessidade da organização política, como *uma* das muitas dimensões da inter--ação humana. O que rejeita é a subjugação das demais dimensões pelo fundamento político. Tal subjugação se torna possível através do aparecimento, na sociedade moderna, de um "excesso de poder", que surge no intervalo, inicialmente pequeno, mas depois abismal, entre "administração" e "governo". A administração, que pertence ao fundamento social, é definida como a

> autoridade de decisão e comando, limitada por condições técnicas dadas, e reconhecida *de jure* e *de facto* dentro desses limites, mas que se anula a si mesma caso os ultrapasse.

O "governo", por outro lado, é a

> autoridade de decisão e comando não limitada por condições técnicas, mas apenas por limitações chamadas "constitucionais" (quando é limitado de alguma forma) (1965, p.411).

O que torna necessária esta segunda forma é a instabilidade das condições internas e externas, a situação de crise potencial, que em qualquer momento pode tornar-se crise real, exigindo poderes amplos e obediência indiscutível. Essa "amplitude", isto é, relativa indefinição, do direito de decidir e comandar é que constitui o "excesso de poder", ou o "excesso político". Quando uma sociedade vive em "crise permanente", o excesso de poder torna-se um fator constante e dominante da organização social, tendendo sempre a subjugar os outros fatores, e principalmente a eliminar a espontaneidade social. Esta, sufocada, se torna um fator de instabilidade potencial, e o círculo se completa.

Nas condições acima descritas, isto é, sob a dominação exclusiva do fundamento político, uma verdadeira paz é impossível, evidentemente. Tudo que se pode obter é uma "pacificação"[9]. Em grande parte, a "paz perpétua" de Scheler, assim como a de Kant, nada mais é do que uma paz política, e portanto, quando muito uma pacificação. A esta concepção, Buber opõe a idéia de uma *paz vital*, "que arrebate ao princípio político a soberania sobre o social" (1950, p. 194). Isto é, a verdadeira paz requer o restabelecimento da autonomia das diversas dimensões da inter-ação humana, a não dominação de uma sobre as demais. A "paz vital", então, está muito longe de ser uma "paz de túmulo", obtida através da uniformização, da eliminação de todo contraste ou diferença capazes de gerar conflitos. Pelo contrário, ela é uma paz "vital", precisamente na medida em que a "vida" é possível graças a um equilíbrio dinâmico entre tendências, órgãos e funções múltiplos e extremamente diferentes uns dos outros. A pluralidade de formas sociais, de nações, de culturas, e uma tensão ou equilíbrio dinâmico entre elas, permitindo a preservação de sua autonomia relativamente umas às outras, é o ingrediente indispensável da paz tal qual concebida por Buber[10].

Reconhecer a crise atual é um primeiro passo na direção de solucioná-la. O passo seguinte é sabermos para onde queremos ir, que tipo de paz queremos obter. Conhecendo a idéia que de-

9. A pacificação é a imposição da paz, por uma força ou interesse superior. A paz que assim se obtém é do tipo da *pax romana* ou da *pax britannica*. Evidentemente, para obter a pacificação, a guerra pode ser usada como instrumento legítimo, e talvez necessário. "A paz é o objetivo da guerra", afirmava Aristóteles. E o próprio Scheler, embora se oponha ao "militarismo de princípio", que vê na guerra um fim, defende o "militarismo instrumental", que vê na guerra um instrumento para a obtenção da paz.

10. Esta valorização do pluralismo, do equilíbrio dialético e não estático, encontramos em todo o pensamento de Buber. Por exemplo, em sua tentativa de caracterizar a noção de "cultura" – em um ensaio sobre a "essência da cultura" que poderia servir, passo a passo, de modelo para um ensaio buberiano, inexistente, sobre "a essência da paz" – Buber afirma que a "unidade da cultura é uma unidade engendrada através de processos polares". Entre esses, distingue quatro formas básicas de oposição, cuja tensão e equilíbrio garantem, segundo ele, a possibilidade da criatividade cultural: 1) tradição *vs.* inovação (revolução *vs.* conservação); 2) formação de relações sociais instrumentais concretas *vs.* criação de uma esfera independente de produtos e valores culturais; 3) desenvolvimento de formas de cultura *vs.* desenvolvimento da consciência dessas formas pelos indivíduos envolvidos em seu desenvolvimento; 4) tendência à autonomia das diferentes formas e esferas de cultura *vs.* necessidade de manter entre elas algum laço, alguma forma de "unidade" cultural (1965 b, pp. 383-386). A vitalidade de uma cultura depende da coexistência desses pólos: a dominação de um deles sobre os demais traz a estagnação e a decadência cultural.

ve servir de guia para nossas decisões, a idéia de paz vital, podemos agora procurar determinar de forma mais precisa suas "conseqüências de ação".

Se o problema básico é o do excesso de poder, que tende a liquidar todo pluralismo, as medidas a serem tomadas não podem de forma alguma contribuir para um incremento ainda maior desse excesso. A centralização, portanto, deve ser combatida. A descentralização, tanto no plano nacional, como no plano internacional, deve ser recomendada e implementada. Isto implica no abandono da idéia de um universalismo simplista, baseada na extinção das diferenças entre os grupos humanos. Para Buber,

o único universalismo prático, isto é, passível de realização – ainda que com esforço inaudito – é o universalismo dos profetas, que não aspira à dissolução das sociedades nacionais e de suas formas de organização, mas sim à sua reforma e cura, como base para sua unificação (1965a, p.402).

Esta menção dos profetas leva imediatamente ao estabelecimento de uma conexão indissolúvel entre a idéia de paz e a idéia de justiça: só se pode estabelecer uma paz vital, verdadeira, entre sociedades internamente jutas[11]. A passagem que colocamos como moto deste trabalho é parte de um discurso[12] em que Buber, citando Isaías, exorta a juventude judaica a ter sempre em mente a conexão entre paz e justiça: "Sion não poderá ser reconstruída 'por qualquer meio', mas somente *bamishpat* (Isaías, I:27), isto é, somente com justiça (Buber, 1932, p.237). E isto se aplica tanto à justiça interna, que deve reinar no seio da comunidade judaica em criação na terra de Sion, como à justiça

11. Um argumento freqüentemente usado contra esta exigência é o seguinte "paradoxo": a exigência de uma "paz maximalista", isto é, não apenas a ausência de guerra mas também o estabelecimento da justiça interna em cada um dos estados, justifica a intervenção nos estados que não preenchem os requisitos de justiça, intervenção que significa guerra, isto é, não paz. Portanto, se costuma concluir, o melhor é contentar-se com uma "paz minimalista", isto é, com a simples ausência de guerra, e adotar, paralelamente um "princípio de não intervenção nos assuntos 'internos' de outros estados". A pretensa eficiência deste tipo de "realismo" – única base para atribuir-lhe qualquer validade – é, porém, extremamente duvidosa. Faço um breve comentário sobre o "realismo" em geral no final deste trabalho (ver também Buber, 1958, p. 257).

12. Pronunciado por Buber em 1932, em uma convenção de jovens judeus dedicada ao tema "Israel e a Paz Mundial".

"externa", a que diz respeito à atitude dessa comunidade face aos árabes que habitam a Palestina:

Não pretendemos voltar à terra com a qual temos laços históricos e espirituais inseparáveis para suprimir um outro povo ou dominá-lo; . . . nosso retorno à terra de Israel. . . não será feito às custas dos direitos de um outro povo

— afirmava Buber no XII Congresso Sionista, em 1921 (Hodes, 1972, p. 106). Só nessas condições podem os dois povos atingir uma "paz vital".

No plano interno, além da descentralização do poder, deve haver também uma mudança em sua natureza, isto é, um deslocamento de uma porção cada vez maior do poder do tipo "governo" para o tipo "administração" (1965a, p.412). Ou seja, é preciso a cada momento examinar e reexaminar em que medida se pode restringir o "excesso de poder", justificado por condições de "crise", através de uma delimitação e especificação rigorosas da autoridade delegada a um indivíduo ou instituição. Aqui o que está em questão é a natureza do socialismo que será o sistema social da sociedade justa (porque para Buber é evidente que a exploração comum dos recursos, a cooperação genuína, só é possível se socialista). A simples passagem do controle dos meios de produção das mãos dos empresários para as mãos da "coletividade", se esta última nada mais é que o Estado, de nada serve, segundo Buber (1950, p.195). Que sejam "representantes" dos operários os que tomam decisões por si só não garante a justiça dessas decisões, nem a revitalização da espontaneidade social. "Não será porventura a pior deficiência da sociedade moderna justamente o fato de deixar-nos representar em demasia?, pergunta Buber (*ibid.*) Onde há "representação" sempre há o perigo de surgimento de um "excesso de poder", pelo distanciamento inevitável que se cria entre representante, representado e objetivo da representação[13]. Além disso, há o empobrecimento do "conteúdo comunitário" na vida dos indivíduos representados, porque a comunidade "se manifesta sobretudo no tratamento comum ativo do que é comum, e não pode existir sem esse tratamento" (1950, p.196). A conclusão é que

tudo depende de que a coletividade a cujas mãos passe o controle dos meios de produção torne possível e fomente, em virtude de sua estrutu-

13. Sobre alguns dos problemas e paradoxos da idéia de "representação", mesmo em um Estado "democrático", ver Wolff (1970, pp. 17-27).

ra e instituições, a verdadeira vida de comunidade dos diferentes grupos, precisamente até que eles mesmos passem a ser os sujeitos genuínos do processo de produção (*ibid.*).

Essa verdadeira vida comunitária, cujo modelo é para Buber o ideal da comuna — parcialmente realizado nos *kibutzim* israelenses — não tem nada de puramente sentimental ou místico. Sua base é sempre o trabalho comum, o esforço comum: "é comunidade de aflição, e só a partir daí, comunidade de espírito; é comunidade de esforço, e só a partir daí comunidade de salvação" (*id.*, p. 197). Mas nem por isso trata-se de algo puramente instrumental, de uma mera comunidade de interesses que gera uma comunhão de poder. Nela se forjam relações inter-humanas autônomas, relações homem-homem e não relações homem-objeto (*id.*, p. 194). Em termos da filosofia do diálogo — talvez a parte mais conhecida do pensamento de Buber — a verdadeira vida comunitária é aquela que permite a cada indivíduo relacionar-se com o próximo em termos da relação Eu-Tu, e não em termos da relação Eu-Isto. A verdadeira comunidade de cujo "renascimento das águas depende a sorte do gênero humano" (1950, p. 199) é aquela cujos membros formam um "Nós" e não meramente um "A gente"[14]. Ela pertence, na verdade, a uma dimensão especial no seio do social, a dimenção do inter-humano (o *Zwischenmenschliche*), essa dimensão que se situa entre o par eu-tu e a multidão amorfa, dimensão na qual se estabelecem relações humanas "essenciais", dimensão em que o verdadeiro *diálogo* suplanta o mero *debate* como forma de comunicação básica entre os indivíduos. A paz vital de uma sociedade e entre sociedades requer o florescimento dessa dimensão, acima de tudo. É nela que se torna possível a "mudança dos corações"(*Gesinnungswandel,* Buber, 1929, p. 442), pela qual passa necessariamente o caminho para a paz.

E é precisamente por exigir algo tão difícil como essa "mudança nos corações", que a paz não pode ser obtida de um dia para outro, mas somente através de um lento processo de cons-

---

14. "Chamo de 'Nós' uma união de pessoas independentes, preparadas para a individualidade e para a responsabilidade pessoal, uma união que tem seu fundamento e sua condição de possibilidade nessa individualidade e nessa responsabilidade pessoal. A natureza peculiar do 'Nós' se revela na relação essencial que existe ou que surge momentaneamente entre seus membros. Isto é, 'Nós' é permeado pela imediatez ôntica que é a pressuposição decisiva da relação eu-tu. O 'Nós' contém, em potência, o 'Tu'. Só indivíduos capazes de dizer verdadeiramente 'Tu' um ao outro são capazes de dizer verdadeiramente, um com o outro, 'Nós'" (1942, p. 107).

trução, que deve tomar várias gerações (1958, p. 253)[15]. Nada mais natural, se lembrarmos que o poder de uma idéia, do espiritual, não consiste em uma força imediatamente eficaz, mas apenas na capacidade de "pôr em movimento" tais forças. Nem por isso a paz é um *sonho* inatingível; ela é um *ideal*, que nossas ações em todo momento podem tornar mais próximo ou mais distante. As ações relevantes não são projetos humanitários ou palavras conciliatórias (1932, p. 239). Buber não é um pacifista radical[16].

Fazemos paz, ajudamos a engendrar a paz mundial onde quer que seja que somos chamados a fazê-la: na vida ativa de nossa própria comunidade e nos seus aspectos que podem ajudar ativamente para determinar seu relacionamento com uma outra comunidade... E se não agora, quando? (1932, p. 239).

Um dos aspectos fundamentais da vida de nossa comunidade, sobre o qual podemos agir a fim de tornar a paz vital mais próxima, é, segundo Buber, a educação. Mas, para isso, a atividade educativa tem que ser cuidadosamente distinguida da propaganda. O propagandista não tem nenhum interesse real pelo homem sobre o qual deseja influir; suas qualidades individuais só o interessam na medida em que delas se pode servir para nele inculcar sua "mensagem" (1963 d, pp. 226-27). Entre o propagandista e seu "público" a relação é apenas eu-isto, não há qualquer diálogo real. O verdadeiro educador, porém, tem por objetivo básico o desenvolvimento das qualidades individuais do educando[17], e sa-

15. É este o sentido da opção de Buber pelo sionismo "prático" – que, para ele, consiste na criação progressiva de uma comunidade judaica em que se regeneram os valores humanos e que estabeleça laços genuínos com seus vizinhos – face ao sionismo "político", que busca concessões e compromissos das grandes potências.

16. "Não sou um pacifista radical; não creio que sempre se deve responder à violência com a não-violência. Eu sei o que a tragédia implica; quando há guerra, ela tem que ser lutada" (1958, p. 256, nota). É no mesmo espírito que Buber rejeitou a sugestão de Gandhi para que os judeus sob o jugo nazista empregassem a tática da não-violência, a *satyāgraha*, por ele preconizada.

17. Também em sua concepção do indivíduo, Buber coloca o pluralismo como aspecto fundamental. Assim, ele se recusa a conceber o homem como governado essencialmente por este ou aquele "instinto" (*versus* Freud e Scheler), mesmo se o instinto primordial for concebido como um "instinto criador". Apesar de reconhecer a importância desse elemento, Buber, face aos pedagogos que querem definir a educação exclusivamente em termos do desenvolvimento da "criatividade" da criança, aponta para a pluralidade de componentes ou "instintos" que existem em todo ser humano, e insiste em que a educação não deve concentrar-se apenas em um deles, mas sim permitir o desenvolvimento orgânico e harmonioso de to-

be que isto não é possível através da imposição de sua vontade e de suas idéias sobre o outro, mas somente se for capaz de realmente "escutar" ao outro, de estabelecer um diálogo autêntico com ele. A dicotomia propaganda *vs.* educação corresponde à oposição político *vs.* social. Enquanto que o propagandista de um partido político ou de uma instituição governamental qualquer intenciona "inculcar no público uma vontade pré-fabricada, isto é, implantar em cada um a certeza de que essa é sua própria vontade, nascida em seu próprio seio", a intenção da educação social é "despertar e desenvolver em cada um dos educandos a espontaneidade da sociabilidade, que existe potencialmente em todos nós, e que é perfeitamente compatível com a vivência e a reflexão individual" (1965, p. 413).

Tendo partido da esfera abstrata do puro espírito, chegamos assim, depois de uma jornada através das esferas intermediárias, ao âmago da alma individual, onde se deve processar a transformação básica, capaz de levar não somente à paz, mas também à concretização de todas as outras dimensões da moralidade. À pergunta incisiva de Nicolas Berdiaev, "onde deve começar a luta contra o mal?", Buber responde, de forma não menos incisiva: "A luta deve começar na alma de cada ser humano; todo o resto será conseqüência disto" (1965 c, p. 326). Mas ao voltar-se para sua alma, a fim de banir o mal de dentro de si mesmo, o indivíduo não tem que se encerrar em si mesmo, nem tem que se tonar um asceta[18] (1942, pp. 130-31). Dentre a pluralidade de componentes positivos que descobre em sua alma encontra-se a tendência a voltar-se para o outro, o "instinto de comunicação"; é então que ele aprende a "dizer-tu" e, a partir daí, a dizer "Nós"[19]. E só aquele que aprende a dizer "Nós" referindo-se aos membros de sua comunidade é capaz de compreender e aceitar o dizer-nós dos membros da comunidade vizinha; só entre eles pode-se estabelecer uma paz vital.

dos (1963 e, *passim*). Note-se que o reconhecimento dessa pluralidade essencial do indivíduo e seu direito de escolher seu próprio caminho constituem talvez a única base sólida para uma verdadeira tolerância.

18. Neste ponto, Buber critica detalhadamente tanto a posição téorica como a opção vital (afastamento do casamento) adotada por Kierkegaard (Buber, 1963b, pp. 180 e ss.).

19. Um conto hassídico, contado por Buber, ilustra vividamente esse duplo processo de voltar-se para si mesmo, abrindo-se em seguida para a comunidade. Rabi Aizik, de Krakau, filho de Rabi Iekil, que vivia em extrema pobreza, recebeu, em um sonho, a ordem de ir até Praga e procurar lá um tesouro enterrado sob a ponte que leva ao palácio do rei. Depois de sonhar três vezes a mesma coisa, pôs-se a caminho. Ao chegar à ponte, viu

A tudo isto poderia o "realista" objetar: "Muito bonito, mas trata-se de 'pura ética'; uma utopia querer aplicá-la à realidade; a política mundial nada tem a ver com isso, suas regras são outras, cruéis; entre os lobos, não há lugar para cordeiros".

Entretanto, num mundo em que todas as receitas para uma "paz instantânea" até hoje falharam, não seria o caso de abandonar o "realismo" de vista curta e dar uma chance a um "idealismo" com um pouco mais de fôlego?

Bibliografia

BLACK, Max.
  1975: Algumas Questões a Respeito do "Raciocínio Prático" em M. Dascal e A. Barush (orgs.), *O Racional e o Irracional*, Boer-Sheva, pp. 48-59 (em hebraico).

BUBER, Merdechai Martin.
  1929: "Jüdische Nationalheim und Nationale Politik in Palestina", in *Kamef um Israel*, Berlim (1933), pp. 432-451.
  1932: "And if not now, when?" in Buber, 1963, pp. 234-239.
  1934: "Toaching and deed", in Buber, 1963, pp. 137-145.
  1942: *Que es el hombre?*, México (1954), primeira edição, em hebraico, 1942.
  1950: *Caminos de utopía*, México (1955); primeira edição, em alemão, 1950.
  1958: "Israel and the command of the spirit", in Buber, 1963, pp. 253-257.
  1963: *Israel and the World. Essays in a Time of Crisis*, New York.
  1963a:*No Segredo do Diálogo*, Jerusalém (em hebraico).
  1963b:"A Pergunta que se Coloca ao Indivíduo", in Buber, 1963a, pp. 157-213.
  1963c: "A Atividade Educativa", in Buber, 1963a, pp. 237-261.
  1963d:"Os Fundamentos do Inter-humano", in Buber, 1963a, pp. 215-235.
  1964: *O Caminho do Homem Segundo a Doutrina Hassídica*, Jerusalém (em hebraico).
  1965: *A Face do Homem – Estudos de Antropologia Filosófica*, Jerusalém (em hebraico).

que estava guardada dia e noite, o que impedia de procurar o tesouro. Apesar disso, dia a dia voltava ao lugar e ficava por lá durante o dia inteiro. Por fim, o comandante da guarda perguntou-lhe o que fazia por ali.

Rabi Aizik contou-lhe seu sonho, ao que o comandante da guarda riu-se às gargalhadas: "Caminhaste tanto por causa de um sonho! Que sofram os que acreditam em sonhos! Se eu acreditasse em sonhos teria que ir até um lugar muito distante, pois me ordenaram em sonho que fosse até Krakau, à casa de um judeu, um tal de Aizik, filho do Iekil, e escavasse sob o seu fogão onde se encontra um tesouro. Imagine só, numa cidade em que a metade dos habitantes judeus se chama Aizik e a outra metade Iekil, certamente teria que destruir todas as casas da cidade!" – Rabi Aizik saudo-o e voltou para casa. Lá desenterrou o tesouro que estava sob o fogão, e construiu uma sinagoga (Buber, 1964, pp. 42-3).

1965a:"Entre Sociedade e Estado", in Buber, 1965, pp. 397-413.
1965b:"Sobre a Essência da Cultura", in Buber, 1965, pp. 377-396.
1965c:"Flagrantes do Bem e do Mal", in Buber, 1965, pp. 325-376.

BUBER, M.; MAGNES, Y. e SMILANSKY, M.
1946: *Palestine − A Bi-National State*, New York.

HODES, Ausbrey
1972: *Encounter with Martin Buber*, London.

RAWLS, John
1971: *A Theory of Justice*, Oxford.

RUSSELL, Bertrand
1938: *Power*, London.

SCHELER, Max
1953: *L'idée de paix et le pacifisme*, Paris (traduzido do original alemão de 1931).

WOLFF, Robert Paul
1970: *In Defense of Anarchism*, New York.

DIÁLOGO

A P.
O abismo e a luz do mundo,
Urgência e anseio pela eternindade,
Visão, evento e poesia;
Era e é diálogo contigo.

1. DESCRIÇÃO

1. Recordação Primeira

Com toda espécie de variações, às vezes depois de um intervalo de alguns anos, repete-se para mim o mesmo sonho. Dou-lhe o nome de sonho do duplo apelo. O ambiente em que ele decorre permanece sempre semelhante; é um mundo pobre em aparatos, "primitivo": encontro-me numa grande caverna, como as Latomias de Siracusa, ou numa construção de taipa que me lembra, ao acordar, as aldeias dos felás; ou então na orla de uma floresta tão gigantesca, que não me recordo ter visto jamais uma semelhante. O sonho começa com as mais diversas formas, mas sempre, no início, algo extraordinário me acontece: por exemplo, um pequeno animal, com a aparência de um filhote de leão,

33

cujo nome conheço no sonho mas não ao acordar, dilacera-me o braço e eu só o domino com dificuldade. Ora, o estranho é que esta parte do enredo do sonho, a primeira e de longe a de mais interesse, tanto pela sua duração como pela significação exterior dos acontecimentos, desenrola-se sempre num ritmo galopante, como se ela não fosse importante. E então o ritmo torna-se, subitamente, mais lento: eu estou aí e lanço um apelo. A visão global que tenho dos acontecimentos quando estou acordado deveria certamente fazer-me supor que, segundo os fatos que o precederam, o apelo fosse ora alegre, ora assustado, ou ainda ao mesmo tempo doloroso e triunfante. Pela manhã, todavia, minha memória não me reporta este apelo tão marcado por sentimentos nem tão rico em mutações; é toda vez o mesmo apelo, não articulado, mas de um ritmo rigoroso, ressurgindo de quando em quando, inflando até atingir uma plenitude que minha laringe, em vigília, não suportaria; longo e lento, totalmente lento e muito longo, um apelo que é uma canção – e, quando ele termina, meu coração cessa de bater. Mas então, em algum lugar, ao longe, dirige-se a mim outro apelo; um outro e o mesmo; o mesmo, chamado ou cantado por uma outra voz, e não obstante não o mesmo; não, não é, de forma alguma, um "eco" do meu apelo, é muito mais sua verdadeira réplica, não repetindo, som após som, os meus sons, nem de uma forma enfraquecida, mas correspondendo, respondendo a eles – tanto assim, que os meus sons, que ainda há pouco não soavam nada interrogativos ao meu próprio ouvido, aparecem agora como interrogações, uma longa série de interrogações, que agora recebem todas uma resposta não interpretáveis tanto a resposta quanto a pergunta. E entretanto os apelos que respondem àquele um e mesmo apelo parecem não ser iguais entre si. A voz é, a cada vez, uma nova voz. Mas agora que a resposta está terminada, no momento em que o som acaba de se desvanecer, invade-me uma certeza, uma certeza autêntica de sonho: Eis que aconteceu. Nada mais. Apenas e precisamente isto, exatamente assim: Eis que aconteceu. Se eu tentasse esclarecer os fatos diria: é somente agora, com a réplica, que se deu, de forma real e indubitável, aquele acontecimento que produzira o meu apelo.

É desta maneira que o sonho tem retornado todas as vezes – com exceção de uma vez, a última, fazem agora dois anos. De início, tudo se deu como sempre (era o sonho do animal); meu apelo extinguiu-se e novamente meu coração parou. Mas então houve o silêncio. Não veio réplica alguma. Agucei o ouvido, porém não percebi nenhum som. É que, pela primeira vez, eu *esperava* a resposta que sempre me surpreendera, como se eu dela não tivesse jamais tido a experiência; e a resposta esperada não veio. Mas eis que agora algo aconteceu comigo: como se até então eu não tivesse possuído outras vias de acesso entre o mundo e os meus sentidos a não ser aquelas que passam pelos ouvidos, eu me descobria agora como um ser pura e simplesmente provido de sentidos, sentidos revestidos de órgãos e sentidos nus; ofereci-me assim ao espaço distante, aberto a toda recepção, a toda percepção. E então veio, não deste espaço distante, mas do ar bem próximo a mim, eis que veio, silenciosamente, a resposta. Para dizer a verdade, ela não veio, ela aí estava. Ela já aí estava — talvez possa dizê-lo à guisa de explicação — antes do meu apelo; ela estava simplesmente aí e deixou-se acolher por mim agora que me abri para ela. Eu a percebi de uma forma tão plena, como só percebera a réplica nos meus sonhos anteriores. Se devesse relatar por que meios isto se deu, seria obrigado a dizer: por todos os poros do meu corpo. Como somente o fizera a réplica num dos sonhos anteriores, a resposta correspondia, respondia. Ela ainda a ultrapassava numa perfeição desconhecida, difícil de se definir, justamente pelo fato de já aí estar.

Quando eu tinha terminado de acolhê-la, senti novamente, com mais percussão do que nunca, aquela certeza: Eis que aconteceu.

2. O Silêncio que é Comunicação

Assim como o mais ardoroso falar de um para o outro não constitui uma conversação (isto é mostrado claramente naquele esporte estranho, denominado com justiça de discussão, de fragmentação, praticado por pessoas razoavelmente dotadas de intelecto), assim, por sua vez, uma conversação não necessita de som algum, nem sequer de um gesto. A linguagem pode renunciar a toda mediação de sentidos e ainda assim é linguagem.

Não estou me referindo, naturalmente, ao terno silêncio dos amantes, interpenetrante, cuja expressão e concórdia podem satisfazer-se com um olhar, mesmo com a simples comunhão de uma contemplação rica em relações. Mas também não estou me referindo ao místico silêncio compartilhado, tal como se relata a propósito do franciscano Egídio e Luís de França (ou, de uma forma quase idêntica, a propósito de dois rabis hassídicos) que, encontrando-se uma única vez, não proferiram uma só palavra, mas, "na reflexão da face divina", experienciaram-se reciprocamente; pois há aqui ainda a expressão de um gesto, de uma atitude física de um para o outro.

Tornarei mais claro aquilo a que me refiro por meio de um exemplo.

Imaginem-se dois homens, sentados lado a lado, em algum lugar solitário do mundo. Eles não falam um com o outro, não olham um para o outro, nem sequer se voltaram um para o outro. Eles não se conhecem intimamente, um nada sabe sobre a vida do outro, conheceram-se hoje cedo em suas perambulações. Nenhum dos dois pensa neste momento no outro; não precisamos saber quais os seus pensamentos. Um deles está sentado no banco comum da maneira que, obviamente, lhe é habitual: sereno, disposto de uma forma receptiva para tudo que possa acontecer; seu ser parece dizer que não é suficiente estar preparado, que é preciso também estar realmente *aí* presente. O outro, sua atitude não o trai, é um homem reservado, controlado, mas quem o conhece sabe que desde sua infância pesa sobre ele um feitiço, que o seu autocontrole é algo mais do que uma atitude, que por trás de toda atitude está entrincheirada a impenetrável incapacidade de se comunicar. E agora — imaginemos que esta seja uma daquelas horas que conseguem romper as sete tiras de ferro que envolvem o nosso coração — o feitiço dissolve-se de repente. Mas mesmo agora o homem não diz uma palavra, não move um dedo. E, entretanto, ele faz alguma coisa. A dissolução do feitiço aconteceu-lhe — pouco importa de onde — sem sua ação; mas eis o que este homem faz então: libera dentro de si uma reserva sobre a qual somente ele tem o poder de ação. Sem reservas, a comunicação jorra do seu interior e o silêncio a leva ao seu vizinho, para quem ela era destinada e que a recebe sem reservas, como recebe todo o destino autêntico que vem ao seu encontro. Ele não poderá contar a ninguém, nem a si mesmo, o que experienciou. O que "sabe" ele agora do outro? Nenhum saber é mais necessário. Pois onde a ausência de reserva reinou entre os homens, embora sem palavras, aconteceu a palavra dialógica de uma forma sacramental.

3. As Opiniões e o Fato Concreto

O diálogo humano pode pois existir sem o signo, apesar de ter neste, isto é, no som e no gesto, a vida que lhe é própria (a letra pertence ao campo do signo somente em casos especiais, como por exemplo numa reunião, quando os amigos fazem circular entre si, pela mesa, notas descrevendo o clima reinante); esta existência sem signo, todavia, não tem forma objetivamente captável. Por outro lado, um elemento de comunicação – por mais íntimo que seja – parece pertencer à sua essência. Mas, nos seus momentos mais elevados, o diálogo transcende também estes limites. Ele se completa fora dos conteúdos comunicados ou comunicáveis, mesmo os mais pessoais; não se completa, no entanto, num acontecimento "místico", mas sim num acontecimento que é concreto no sentido estrito da palavra, totalmente inserido no mundo comum aos homens e na seqüência temporal concreta.

Poderíamos talvez estar inclinados a admitir a validade disto para o campo especial do erótico. Mas é justamente este campo que eu não pretendo trazer aqui para uma explanação. Pois o Eros é, na realidade, muito mais estranhamente composto do que no mito genealógico de Platão e o erótico não é, de maneira alguma, como tenderíamos a supor, uma pura condenação ou um puro desdobramento do diálogo. Pelo contrário, não conheço outro campo onde, como neste (voltarei a este assunto mais adiante), o dialógico e o monológico se entrelacem mas também se choquem tanto um contra o outro. Muitos êxtases de amor famosos não passam de um deleitar-se do amante com suas próprias possibilidades, atualizadas numa plenitude insuspeita.

Estaria ainda mais propenso a pensar talvez num recanto despercebido e no entanto significativo da existência: nos olhares que, no tumulto da rua, esvoaçam de repente entre desconhecidos que se cruzam sem mudar de passo; existem, entre estes, olhares que, flutuando sem destino, revelam, uma-à-outra, duas naturezas dialógicas.

Mas na realidade só posso demonstrar aquilo que tenho em mente por meio de acontecimentos que desembocam numa verdadeira transformação da comunicação em comunhão, portanto numa corporificação da palavra dialógica.

Não podemos transmitir ao leitor, sob a forma de conceitos, aquilo de que aqui tratamos. Podemos, entretanto, representá-lo por meio de exemplos, contanto que não tenhamos receio, quando se trata de assunto importante, de procurá-los nos mais íntimos recessos da vida pessoal. Pois onde mais poderíamos encontrar exemplos semelhantes?

Minha amizade com um homem já falecido originou-se num acontecimento que, se quisermos, poderíamos definir como uma conversação interrompida. A data é a Páscoa de 1914. Alguns homens pertencentes a diferentes povos europeus tinham-se reunido para preparar, com um indefinível pressentimento de

37

catástrofe, uma tentativa de constituir uma autoridade supranacional. As conversações eram marcadas por aquela ausência de reserva, cuja fecundidade substancial eu raramente tinha experienciado de forma tão intensa; ela agiu de tal maneira sobre todos os participantes que tudo que era fictício se desfez e cada palavra era um fato. Quando então discutíamos a composição de um círculo mais amplo, do qual deveria proceder a iniciativa pública (foi resolvido que este círculo reunir-se-ia em agosto do mesmo ano), um de nós, um homem de concentração apaixonada e de um poder de amor próprio de um juiz, levantou a dúvida: um número demasiado grande de judeus tinha sido nomeado, de maneira que alguns países seriam representados numa proporção indevida por seus judeus. Reflexões semelhantes não me eram estranhas, pois sou da opinião que é só dentro de sua comunidade e não como membros dispersos que o Judaísmo pode tomar parte ativa, mais do que meramente estimulante, na edificação de um mundo firme de paz. Contudo, as considerações assim formuladas pareceram-me prejudicadas na sua legitimidade. Judeu obstinado que sou, protestei contra o protesto. Não sei mais por que vias cheguei a falar, dentro deste contexto, de Jesus e dizer que nós, judeus, o conhecíamos do interior, nos impulsos e emoções do seu ser judaico, de uma forma que permanece inacessível aos povos que estão sob a sua égide. "De uma forma que vos permanece inacessível" — assim falei diretamente ao antigo padre. Ele levantou-se, também eu estava de pé, olhamo-nos, um no fundo dos olhos do outro. "Desapareceu", disse ele, e demo-nos, diante de todos, o beijo fraternal.

A discussão da situação entre judeus e cristãos tinha-se transformado numa aliança entre o cristão e o judeu; nesta transformação realizou-se o dialógico. Opiniões desapareceram, aconteceu fisicamente o fato concreto.

4. Colóquios em Torno da Religião

Antecipo aqui duas objeções, uma ponderável e outra poderosa.

É possível que me objetem: onde se trata de opiniões essenciais, opiniões que dizem respeito à "visão de mundo", não é *permitido* que a conversação seja interrompida desta maneira; cada um tem que se expor de uma forma real e integral, na sua parcialidade humanamente inevitável e, justamente por isso, experienciar-se realmente como um ser limitado pelo outro, assim que os dois sofram em comum o destino da nossa contingência e que nele encontrem um-ao-outro.

A isto respondo: a experiência da nossa limitação está contida nisto a que me refiro, como também está aí contida a experiência da sua superação comum, que certamente não pode se completar no terreno da "visão de mundo", mas sim naquele da realidade. Nenhum daqueles dois precisa renunciar à sua opinião; só que, fazendo eles algo de improviso e acontecendo-lhes de improviso este algo que se chama união, eles penetram num reino onde não é mais válida a lei da opinião. Sofrem também o destino da nossa contingência, mas eles o honram na forma suprema quando, tal como nos é concedido, deixam-na dissolver-se por um instante imortal. O encontro já se tinha dado anteriormente, quando, cada um em sua alma, voltou-se para-o-outro, de maneira que, daqui por diante, cada um, tornando o outro presente, falava-lhe e a ele se dirigia verdadeiramente.

A outra objeção, que vem de um lado totalmente diverso, mesmo oposto, diz: isto pode ser verdadeiro dentro dos limites do terreno da opinião, mas cessa de sê-lo para a profissão de fé. Os adeptos de duas crenças religiosas que se disputam pelas suas doutrinas interessam-se pela execução da vontade divina e não por um acordo pessoal, passageiro. Quem diante da fé tem uma postura tal que está preparado a morrer ou a matar por ela, para ele não pode haver reino onde não seja mais válida a lei da fé. Cabe a ele ajudar a verdade a sair vitoriosa, ele não se deixa enganar por sentimentos. O adepto de uma fé diferente, isto é, uma fé falsa, deve ser convertido ou, pelo menos, instruído; um cotato direto com ele pode ser conseguido somente fora da defesa da fé, não a partir dela. Não é permitido que a tese da discussão religiosa "desapareça".

A esta objeção, cujo poder reside no fato de ela ter a propriedade de não se preocupar com a falta de compromisso do espírito relativizado, propriedade esta que é considerada natural, só posso responder de uma forma adequada por uma profissão de fé.

Não tenho possibilidade de julgar Lutero, que recusa solidariedade a Zwinglio em Marburgo; ou Calvino, que propõe a morte de Serveto; pois Lutero e Calvino crêem que a palavra de Deus tenha descido entre os homens de tal maneira que ela pode ser conhecida sem equívoco e que deve portanto ser representa-

39

da dentro de uma forma exclusiva. Não sou desta opinião; a palavra de Deus baixa diante dos meus olhos como uma estrela cadente, de cujo fogo servirá de testemunha o meteoro, sem fazê-lo iluminar-se para mim; e eu próprio só posso testemunhar a luz, mas não posso produzir a pedra e dizer: "é esta aqui". Entretanto, esta diferença de fé não deve, de forma alguma, ser apenas compreendida como uma diferença subjetiva; ela não se fundamenta no fato de que nós, que vivemos hoje, somos fracos na nossa fé, e ela vai subsistir por mais que a nossa fé se fortaleça. A própria situação do mundo, no seu sentido mais sério, ou, mais exatamente, a relação entre Deus e o homem, modificou-se. E esta mudança certamente não é compreendida na sua essência quando se pensa somente no obscurecimento, que nos é tão familiar, da luz suprema, somente na noite da nossa existência, desprovida de revelação. É a noite de uma expectativa — não de uma esperança vaga, mas de uma expectativa. Estamos na expectativa de uma teofania, da qual nada conhecemos a não ser o seu lugar, e o lugar chama-se comunidade.

Nas catacumbas públicas desta expectativa não existe uma palavra divina singular que possa ser inequivocamente conhecida e representada, mas as palavras que nos são transmitidas manifestam-se para nós no nosso humano voltar-se-um-para-o-outro. Não há obediência Àquele que vem, sem lealdade para com a sua criatura. Assim ter experienciado é o nosso caminho — não um "progresso", mas um caminho.

Uma época de geunínos colóquios religiosos está-se iniciando, — não dos que assim se denominavam e eram fictícios, nos quais ninguém realmente olhava para seu parceiro e nem a ele se dirigia, mas uma época de diálogos genuínos, de certeza para certeza e também de uma pessoa receptiva para outra pessoa receptiva. Somente então aparecerá a comunidade autêntica, não aquela de um conteúdo de fé sempre idêntico, supostamente encontrado em todas as religiões, mas a comunidade da situação, da angústia e da expectativa.

5. Colocação da Questão

O dialógico não se limita ao tráfego dos homens entre si; ele é — é assim que demonstrou ser para nós — um comportamento dos homens um-para-com-o-outro, que é apenas representado no seu tráfego.

Assim sendo, mesmo que se possa prescindir da fala, da comunicação, há contudo um elemento que parece pertencer indissoluvelmente à constituição mínima do dialógico, de acordo com seu próprio sentido: a reciprocidade da ação interior. Dois homens que estão dialogicamente ligados devem estar obviamente voltados um-para-o-outro; devem, portanto, — e não importa com que medida de atividade ou mesmo consciência de atividade — ter-se voltado um-para-o-outro.

Convém adiantar isto de uma maneira tão crua e formal. Pois, por trás da questão formuladora sobre os limites de uma categoria em discussão, esconde-se uma pergunta que rompe todas as fórmulas.

6. Observar, Contemplar, Tomar Conhecimento Íntimo

É válido distinguir três maneiras pelas quais podemos perceber um homem que vive diante dos nossos olhos (não me refiro a um objeto científico, pois não falo aqui de ciência). O objeto da nossa percepção não precisa saber nada a nosso respeito e nem saber da nossa presença; é indiferente aqui se ele tem um relacionamento ou um comportamento para com a percepção.

O *observador* está inteiramente concentrado em gravar na sua mente o homem que observa, em "anotá-lo". Ele o perscruta e o desenha. E na verdade ele se empenha em desenhar tantos "traços" quanto possível. Ele os vigia para que nenhum lhe escape. O objeto é constituído de traços e sabe-se o que está por trás de cada um deles. O conhecimento do sistema humano de expressão assimila sempre de imediato as novas variações individuais que aparecem e ele permanece utilizável. Um rosto nada mais é do que uma fisionomia, os movimentos nada mais são do que gestos expressivos.

O *contemplador* não está absolutamente concentrado. Ele se coloca numa posição que lhe permite ver o objeto livremente e espera despreocupado aquilo que a ele se apresentará. Só no início pode ser governado pela intenção, tudo que se segue é involuntário. Ele não anota indiscriminadamente, fica à vontade e não está nada temeroso de esquecer alguma coisa. ("Esquecer é bom", diz ele). Não impõe tarefas à memória, confia no trabalho orgânico desta, que conserva o que merece ser conservado. Não recolhe, como o faz o observador, a grama como se ela fosse forragem, ele a revolve e deixa que o sol a ilumine. Não dá atenção a traços. ("Traços", diz, "enganam".) Valoriza no objeto o que não é "caráter" e nem "expressão". ("O interessante", diz ele, "não é importante".) Todos os grandes artistas eram contempladores.

41

Existe, no entanto, uma percepção que é de uma espécie decididamente diferente.

O observador e o contemplador têm em comum o fato de os dois terem a mesma posição, justamente o desejo de perceber o homem que vive diante dos nossos olhos; de nada a mais, este homem é para eles um objeto separado deles próprios e das suas vidas pessoais, que justamente e apenas por isso pode ser percebido "de uma maneira certa"; o que eles experienciam desta forma, seja ela uma soma de traços, como acontece com o observador, ou uma existência, no caso do contemplador, não exige deles nenhuma ação e nem lhes impõe destino algum; pelo contrário, tudo se passa nos campos distantes da estesia.

As coisas acontecem de outra maneira quando, numa hora receptiva da minha vida pessoal, encontra-me um homem em quem há alguma coisa, que eu nem consigo captar de uma forma objetiva, que "diz algo" a mim. Isto não significa de forma alguma que esta coisa me diga como este homem é, o que se passa nele ou coisa semelhante. Mas significa que ele diz algo a *mim*, transmite algo a mim, fala algo que se introduz dentro da minha própria vida. Pode ser algo sobre este homem, por exemplo que ele precise de mim. Mas pode ser também algo sobre mim. O próprio homem, na sua conduta em relação a mim, nada tem a ver com este dizer; ele não tem conduta alguma para comigo, certamente nem me percebeu. Não é ele que me-lo diz, como aquele homem solitário que confessava silenciosamente seu segredo ao vizinho de banco; é aquela *alguma coisa* que o diz.

Quem compreende aqui o "dizer" como uma metáfora não está compreendendo. A frase "isto não me diz nada" desgastou-se metaforicamente; mas o dizer a que me refiro é uma linguagem real. Na casa da linguagem há muitos compartimentos e este é um dos mais íntimos.

O efeito de ter sido o receptor deste dizer é totalmente diferente do efeito de observar e de contemplar. Não posso retratar nem descrever o homem no qual, pelo qual, algo me foi dito, nada posso contar sobre ele; se tentasse fazê-lo, já seria o fim do dizer. Este homem não é meu objeto; cheguei a ter algo a ver com ele. Talvez tenha que realizar algo nele; mas talvez apenas tenha que aprender algo e só se trata do meu "aceitar". É possível que eu tenha que responder imediatamente, justamente a este homem diante de mim; é igualmente possível que o dizer seja precedido de uma transmissão longa e múltipla e que eu deva responder num outro lugar, num outro instante, a uma outra pessoa, quem sabe em que idioma; e o que importa agora é unicamente que eu me encarregue deste responder. Mas em cada instância aconteceu-me uma palavra que exige uma resposta.

Chamemos esta forma de perceber de *tomada de conhecimento íntimo.*

Aquilo de que tomo conhecimento íntimo não precisa ser, de forma alguma, um homem; pode ser um animal, uma planta, uma pedra. Nenhuma espécie de fenômeno, nenhuma espécie de acontecimento é fundamentalmente excluído do rol das coisas através das quais algo me é dito todas as vezes. Nada pode se recusar a servir de recipiente à palavra. Os limites de possibilidade do dialógico são os limites de possibilidade da tomada de conhecimentos íntimo.

7. Os Signos

Cada um de nós está preso numa couraça, cuja tarefa é repelir os signos. Signos nos acontecem sem cessar. Viver significa ser alvo da palavra dirigida; nós só precisaríamos tornar-nos presentes, só precisaríamos perceber. Mas o risco nos é por demais perigoso, trovões silenciosos parecem ameaçar-nos de aniquilação: e aperfeiçoamos, de geração em geração, o aparato de defesa. Toda a nossa ciência nos assegura:

Sê tranqüilo, tudo acontece da forma como tem que acontecer, mas nada é dirigido a ti, não se trata de ti; este é simplesmente "o mundo", tu podes vivenciá-lo como queres, mas o que quer que seja que em ti dele faças, provém de ti somente; nada é exigido de ti, a palavra não te é dirigida, tudo é silêncio.

Cada um de nós está preso numa couraça que, graças à força do hábito, deixa logo de sentir. São apenas instantes que atravessam a couraça e que incitam a alma à receptividade. É quando do tal instante agiu sobre nós e nos tornamos então atentos, perguntamo-nos: "Que é que aconteceu aí de peculiar? Não era algo semelhante ao que me acontece todos os dias?", então podemos nos responder: "Realmente, nada de peculiar aconteceu, é assim todos os dias, só que nós não estamos aí presentes todos os dias".

Os signos da palavra dirigida a alguém não são algo de extraordinário, algo que se destaca da ordem comum das coisas; são justamente o que se passa de tempo em tempo, justamente o que se passa de qualquer maneira, nada lhes é acrescentado pela palavra dirigida. As ondas do éter vibram sempre, mas, na maioria das vezes, estamos com os nossos receptores desligados.

Aquilo que me acontece é palavra que me é dirigida. Enquanto coisas que me acontecem, os eventos do mundo são palavras que me são dirigidas. Somente quando eu os esterilizo, eliminando neles o germe da palavra dirigida, é que posso compreender aquilo que me acontece como uma parte dos eventos do mundo que não me dizem respeito. O sistema interligado, esterilizado, no qual tudo isto só precisaria ser inserido, é a obra titânica da humanidade. E a linguagem, ela também, foi colocada ao seu serviço.

Ser-me-á objetado, do alto desta torre dos tempos, — se algum dos seus guardiães der qualquer atenção a tais vias de pensamento — que não passa de uma espécie de superstição primitiva crer que os fenômenos cósmicos e telúricos tenham uma significação inteligível e direta para a vida da pessoa humana. Porque, ao invés de compreendermos um fenômeno física, biológica ou sociologicamente (para o que eu tenho muita consideração, pois sempre tive a tendência de admirar atos de pesquisa autêntica, quando aqueles que a fazem sabem realmente o que estão fazendo e não perdem de vista os limites do campo em que estão se movimentando), procuraríamos, de acordo com a objeção, chegar por trás da suposta significação do fenômeno, significação para a qual não há lugar num *continuum* espaço-temporal do mundo que obedecesse às leis da razão.

Assim, inesperadamente, teria eu caído na companhia de adivinhos, de quem existem, como se sabe, variedades modernas dignas de atenção.

Mas, trate-se da leitura do fígado ou das estrelas, seus signos têm a peculiaridade de estarem contidos num dicionário, mesmo que não necessariamente num dicionário escrito. E, por mais secretamente que seja transmitida a informação, aquele que está à sua busca sabe *orientar-se* nela, sabe quais as mudanças nas conjunturas da vida que ora este, ora aquele signo significam; e, embora o encontro de vários signos de espécies diferentes apresente dificuldades especiais de esperar e combinar, há uma possibilidade de "consulta". A característica comum de todas estas práticas é ser "para sempre": elas permanecem sempre iguais, seu resultado foi verificado uma vez por todas; suas regras, leis e conclusões analógicas são universalmente aplicáveis. O que é chamado comumente de superstição, isto é, uma falsa fé, parece-me muito mais um falso saber. Da "superstição" relativa ao número treze, uma escada ininterrupta conduz às alturas mais vertiginosas da gnose; isto nem chega a ser uma imitação simiesca da fé verdadeira.

A fé verdadeira – se assim me for permitido denominar o nosso estar presente e o perceber – inicia-se quando termina a consulta ao dicionário, quando este é deixado de lado. O que me acontece diz algo a mim, mas o que ele me diz não pode ser revelado por nenhuma informação secreta, pois este algo nunca tinha sido antes pronunciando e nem é composto de sons que já tivessem sido pronunciados. Ele é tampouco interpretável como é traduzível; ninguém pode explicá-lo para mim e eu não posso demonstrá-lo; pois não se trata absolutamente de um quê, mas de um dizer que penetrou em minha vida; não é uma experiência que possa ser recordada independentemente da situação em que se tenha dado; é algo que permanece a palavra pronunciada, a palavra daquele instante, que não pode ser isolada; ela permanece a pergunta de um questionador, pergunta que exige sua resposta.

(A pergunta. Pois é justamente este o outro grande contraste entre todo o conjunto de signos de interpretação arbitrária e a linguagem de signos a que nos referimos aqui: esta linguagem nunca é informação, nunca é decisão, nunca é apaziguamento.)

A fé está na corrente do acontecimento único, sob o teto do conhecimento. São indispensáveis para o trabalho do espírito humano todas as estruturas de emergência da analogia e da tipologia; mas seria uma fuga penetrá-las quando a pergunta do interpelador dirige-se a ti, dirige-se a mim. É somente no interior da corrente que se experiencia e se realiza a vida vivida.

Com todo o respeito ao *continuum* espaço-temporal do mundo – na vida conheço unicamente a realidade concreta do mundo, que me é oferecida constantemente, a todo instante. Posso decompô-la em seus elementos constitutivos; posso distribuir estes elementos, comparativamente, entre grupos de fenômenos semelhantes, posso deduzi-los de fenômenos anteriores, posso reduzi-los a mais simples, – e, depois de tudo isto, não terei tocado na minha realidade concreta do mundo: indivisível, incomparável, irredutível, ela me olha com o olhar horripilante, olhar que acontece uma só vez. Assim, no balé de Stravinsky, o diretor do teatro ambulante de marionetes quer mostrar ao público da feira que o pierrô que o assustava era apenas um molho de palha, vestido; rasga-o em pedaços e cai, cambaleando, pois, sentado no teto da barraca, zombando dele, está o Petrouchka *vivo*.

45

O nome verdadeiro da concretude do mundo é: a criação confiada a mim, confiada a cada ser humano. Dentro dela nos são dados os signos da palavra que nós é dirigida.

8. Uma Conversão

Quando eu era mais jovem, o fenômeno "religioso" constituía-se para mim numa exceção. Havia horas subtraídas ao curso normal das coisas. De um lugar qualquer, perfurava-se a sólida crosta do cotidiano. Fracassava aí a constância fidedigna das aparências; a agressão que se dava rompia sua lei. A "experiência religiosa" era a experiência de uma alteridade que não se enquadrava dentro do contexto da vida. Tudo isto podia iniciar-se com algo corriqueiro, com a observação de qualquer objeto familiar, mas que aí se tornava, subitamente, misterioso e ameaçador, penetrando, por fim, transparente nas trevas do próprio mistério, com seus relâmpagos fulminantes. Mas era possível, no entanto, que o tempo se rompesse de imediato — desintegrava-se primeiro a estrutura sólida do mundo, em seguida a certeza de si mais sólida ainda; e o ser, o ser sem substância, que agora erase somente mas que não se sabia mais, este ser era entregue à plenitude. O fenômeno "religioso" destacou-o, elevando-o. Do lado de lá havia agora a vida comum com os seus negócios; mas aqui reinava libertação, revelação, êxtase, sem tempo, sem seqüência. A própria existência do indivíduo abrangia então um aqui e um além, entre os quais não havia outro vínculo a não ser o momento afetivo da transição.

A ilegitimidade de tal divisão da vida temporal, cujo curso é dirigido para a morte e eternidade, diante das quais ela pode se realizar somente enquanto realiza precisamente a sua temporalidade, me foi revelada por meio de um acontecimento do dia-a-dia, um acontecimento que julga, que julga com aquela sentença pronunciada com lábios cerrados e olhar imóvel que é do agrado do curso normal das coisas.

O que aconteceu nada mais foi do que isso: certa vez, após uma manhã de entusiasmo "religioso", recebi a visita de um jovem desconhecido, sem que eu estivesse aí presente em espírito. Aliás, eu não deixei de acolhê-lo amavelmente, não o tratei com descaso maior do que a todos os seus contemporâneos que costumavam procurar-me a esta hora do dia, como a um oráculo acessível a uma discussão; conversei com ele de uma forma atenciosa e franca — e deixei apenas de adivinhar as perguntas que ele não colocou. Fiquei conhecendo o conteúdo essencial dessas perguntas mais tarde, não muito tempo depois, de um amigo do jovem – ele próprio já não vivia mais; soube que tinha vindo a mim, levado não pelo acaso, mas pelo destino, não em busca de uma conversa informal, mas de uma decisão; ele tinha vindo precisamente a mim, precisamente àquela hora. O que esperamos nós quando desesperados e, mesmo assim, procuramos alguém? Esperamos certamente uma presença, por meio da qual nos é dito que ele, o sentido, ainda existe.

Renunciei, desde então, àquele fenômeno "religioso" que não passa de uma exceção, de um realce, de um destaque, de um êxtase; ou ele renunciou a mim. Eu nada mais possuo a não ser o cotidiano do qual nunca sou afastado. O mistério não se revela mais; desapareceu ou então instalou sua moradia aqui, onde tudo se passa da forma como se passa. Não conheço mais outra plenitude a não ser a plenitude da exigência e da responsabilidade de cada hora mortal. Longe de estar à sua altura, sei entretanto que na reivindicação sou reivindicado e que na responsabilidade me é permitido responder; e sei quem fala e quem exige uma resposta.

Não saberia dizer muito mais. Se isto for religião, então ela é simplesmente *tudo*, o tudo singelo, vivido, na sua possibilidade de diálogo.

Há também aqui espaço para as mais altas formas da religião. Como quando tu rezas e com isto não te afastas desta tua vida, mas, pelo contrário, é justamente na prece que o teu pensamento se refere a ela, nem que seja apenas para entregá-la; assim também no inaudito e no surpreendente, quando, de cima, és chamado, és requisitado, eleito, investido de poderes, enviado; é a ti, com este teu pedaço de vida mortal, que isto diz respeito, este instante não está disto excluído, ele se apóia naquilo que se foi e acena ao que ainda resta por viver; tu não és engolido por uma plenitude sem compromisso, tu és reivindicado para o vínculo de uma comunhão.

9. Quem Fala?

A palavra nos é dirigida nos signos da vida que nos acontece. Mas quem fala?

De nada nos serviria colocarmos aqui o vocábulo "Deus" como resposta, se não o fizéssemos do interior daquela hora decisiva da existência pessoal, em que fomos obrigados a esquecer tudo que acreditávamos saber de Deus, em que não nos foi permitido conservar nada de transmitido, nada de aprendido, nada de por nós mesmos imaginado, nenhuma fiapo de saber, hora em que fomos mergulhados na noite.

Quando dela emergimos para uma vida nova e então começamos a receber os signos, o que podemos saber de que – de quem no-los dá? Somente o que nós mesmos experienciamos, todas as vezes, através dos próprios signos. Se chamamos de Deus o emissor desta linguagem, então ele é sempre o Deus de um momento, um Deus do momento.

Quero utilizar-me agora de um exemplo canhestro, já que não conheço nenhum apropriado.

Quando compreendemos realmente uma poesia, tudo o que conhecemos do poeta é apenas aquilo que dele ficamos sabendo através deste poema – nenhuma erudição biográfica é de valor para a compreensão pura da matéria a ser compreendida: o Eu que nos interessa é o sujeito desta poesia singular. Mas quando lemos da mesma forma autêntica outras poesias deste poeta, unem-se então os seus sujeitos em toda a sua multiplicidade, completando e confirmando-se reciprocamente, para formar a única existência polifônica da pessoa.

Desta maneira, daqueles que dispensam os signos, dos que pronunciam as palavras na vida vivida, dos deuses do momento, constitui-se para nós, por identidade, o Senhor da voz, o Único.

10. Em Cima e Embaixo

O em cima e o embaixo estão ligados um-ao-outro. A palavra daquele que quer falar com os homens, sem falar com Deus, não se realiza; mas a palavra daquele que quer falar com Deus, sem falar com os homens, extravia-se.

Conta-se que um homem cheio de entusiasmo por Deus saiu certa vez dos domínios das criaturas e passou para o grande vazio. Perambulou por aí, até chegar à porta do mistério, onde bateu. Do interior, veio-lhe a voz: "O que queres aqui?" "Eu proclamei louvores a ti, nos ouvidos dos mortais", disse ele, "mas eles estavam surdos para mim. Venho então à tua presença, para que tu próprio me escutes e me respondas". "Volta para trás", veio a voz do interior, "aqui não há ouvido para ti. Mergulhei meu ouvir na surdez dos mortais".

A palavra verdadeiramente dirigida por Deus envia o homem ao espaço da linguagem vivida, onde as vozes das criaturas passam uma perto da outra e, tateando, conseguem alcançar, precisamente no desencontro, o seu parceiro eterno.

11. Responsabilidade

O conceito da responsabilidade precisa ser recambiado, do campo da ética especializada, de um "dever" que flutua livremente no ar, para o domínio da vida vivida. Responsabilidade genuína só existe onde existe o responder verdadeiro.

Responder a quê?

Responder ao que nos acontece, que nos é dado ver, ouvir, sentir. Cada hora concreta, com o seu conteúdo do mundo e do destino, designada a cada pessoa, é linguagem para a atenção despertada. Para aquele que está atento; pois não é preciso mais do que isto para iniciar a leitura dos signos que nos são dados. Como já indiquei, é justamente por isso que é necessário todo o aparato da nossa civilização para preservar o homem deste despertar da atenção e das suas conseqüências. Pois o homem que está atento não poderia mais "dominar" de imediato a situação que se lhe apresenta neste instante, como o faz de costume: seria exigido dele que a abordasse e nela se introduzisse. E para tanto nada lhe ajudaria que acreditasse possuir de sempre utilizável, nenhum conhecimento e nenhuma técnica, nenhum sistema e nenhum programa, pois agora ele estaria lidando com o não classificável, justamente com a própria concreção. Esta linguagem não possui alfabeto, cada um dos seus sons é uma nova criação e só como tal pode ser captada.

Espera-se então do homem que está atento que enfrente com firmeza o ato da criação. Este ato acontece na forma da palavra, não da palavra que passa voando sobre nossas cabeças, mas de uma palavra que é dirigida precisamente a ele; e se um indivíduo perguntasse a um outro se ele também está ouvindo e este respondesse afirmativamente, teriam eles concordado somente sobre uma experiência e não sobre algo experienciado.

Entretanto, os sons pelos quais é constituída a palavra — repito isto a fim de afastar um mal-entendido ainda possível, que consiste em crer que esteja me referindo a algo extraordinário, de dimensões sobrenaturais — são os acontecimentos do cotidiano da pessoa. É neles, como são agora, "grandes" ou "pequenos", que nos é dirigida a palavra e aqueles que são tidos por grandes não fornecem signos maiores que os outros.

Contudo, nossa atitude ainda não está decidida pelo fato de tomarmos conhecimento íntimo dos signos. Resta-nos sempre a possibilidade de nos envolvermos no silêncio – um resposta que caracteriza um tipo significativo dos nossos tempos – ou de nos esquivarmos, refugiando-nos no hábito; apesar de, em ambos os casos, sermos atingidos por um ferimento que nenhuma produtividade e nenhum atordoamento farão esquecer. Pode acontecer, entretanto, que nos atrevamos a responder, talvez balbuciando; a alma raramente consegue alcançar uma articulação muito firme; mas é um balbuciar honesto, como se, apesar de o sentido e a laringe estarem de acordo sobre aquilo que deve ser dito, a laringe estivesse demasiado assustada para emitir, de uma forma pura, o sentido já ordenado. Da mesma forma que a palavra dirigida, as palavras da nossa resposta são faladas na linguagem intraduzível da ação e da omissão – onde a ação pode comportar-se como uma omissão e a omissão como uma ação. O que assim dizemos com o nosso ser é o nosso penetrar na situação, no seu interior; ela, que se apresentou a nós agora mesmo, cuja aparência não conhecíamos e nem podíamos conhecer, pois, até agora, semelhante a ela nenhuma outra existira.

Nós não conseguimos dominá-la agora, a isto fomos obrigados a renunciar; nunca é possível dominar uma situação da qual tomamos conhecimento íntimo. Mas nós a subjugamos, incorporando-a na substância da vida vivida. Somente então, fiéis ao momento, experienciamos uma vida que é algo diferente do que uma soma de momentos. Respondemos ao momento, mas respondemos ao mesmo tempo por ele, responsabilizamo-nos por ele. Uma realidade concreta do mundo, novamente criada, foi-nos colocada nos braços: nós respondemos por ela. Um cão olhou para ti, tu respondes pelo seu olhar; uma criança agarrou tua mão, tu respondes pelo seu toque; uma multidão de homens move-se em torno de ti, tu respondes pela sua miséria.

12. Moral e Religião

Uma responsabilidade que não responde a uma palavra é uma metáfora da moral. Fatualmente, responsabilidade existe somente quando existe a instância diante da qual me responsabilizo e a auto-responsabilidade tem uma realidade somente quando o "eu-mesmo" diante do qual me responsabilizo penetra transparente no absoluto. Mas quem pratica a responsabilidade real, a responsabilidade dialógica, não precisa nomear o emissor da palavra a que está respondendo – ele o conhece na substância da palavra que, pressionando, penetrando, assumindo a cadência de uma interioridade, move-lhe o âmago do coração. Um indivíduo pode rejeitar com toda força a presença de "Deus" e contudo ele a experimenta no austero sacramento do diálogo.

Não se pense, no entanto, que eu torno a moral questionável a fim de glorificar a religião. A religião, certamente, tem sobre a moral a vantagem de ser um fenômeno e não um postulado e, mais, de poder encerrar, além da determinação, também a serenidade; a realidade da moral, a exigência daquele que exige, tem lugar na religião; mas a realidade desta, o ser incondicionado daquele que exige, não tem lugar na moral. Entretanto, quando a religião se satisfaz a si mesma e se afirma, torna-se muito mais duvidosa que a moral, justamente por ser mais fatual e mais englobante. Religião enquanto risco, prestes a entregar-se a si mesma, é o fluxo arterial que alimenta; enquanto sistema, possessiva, assegurada e assegurando, religião, que acredita na religião, é o sangue venal que cessa de circular. E se nada como a moral pode mascarar tanto a face do nosso próximo, a religião pode, como nada, mascarar para nós a face de Deus. Lá o princípio, aqui o dogma – eu sei apreciar a densidade "objetiva" do dogma, mas por trás dos dois está à espreita a guerra – profana ou santa – contra o domínio dialógico da situação, está à espreita ou uma-vez-por-todas, que resiste ao momento imprevisível. O dogma tornou-se a forma mais alta de imunidade contra a revelação, mesmo quando sua reivindicação quanto à sua origem permanece incontestada. A revelação não quer tolerar o "perfeito" de um pretérito, mas o homem, levado pelos artifícios de sua mania de segurança, impele-a para a rigidez da perfeição.

2. LIMITAÇÃO

1. Os Domínios

Os domínios da vida dialógica e da vida monológica não coincidem com os do diálogo e do monólogo, mesmo se nestes incluirmos suas formas sem som e sem gesto. Não existem somente grandes esferas da vida dialógica que na sua aparência não são diálogo, mas existe também o diálogo que não é diálogo enquanto forma de vida, isto é, que tem a aparência de um diálogo, mas não a sua essência. Aliás, parece, às vezes, que esta última espécie é a única que ainda existe.

Conheço três espécies de diálogo: o autêntico — não importa se falado ou silencioso — onde cada um dos participantes tem de fato em mente o outro ou os outros na sua presença e no seu modo de ser e a eles se volta com a intenção de estabelecer entre eles e si próprio uma reciprocidade viva; o diálogo técnico, que é movido unicamente pela necessidade de um entendimento objetivo; e o monólogo disfarçado de diálogo, onde dois ou mais homens, reunidos num local, falam, cada um consigo mesmo, por caminhos tortuosos estranhamente entrelaçados e crêem ter escapado, contudo, ao tormento de ter que contar apenas com os próprios recursos. Como eu disse, a primeira espécie de diálogo tornou-se rara; onde ela surge, por mais "não espiritual" que seja sua forma, traz o testemunho da perpetuação da substância orgânica do espírito humano. A segunda espécie faz parte dos seus bens essenciais e inalienáveis da "existência moderna", embora o diálogo verdadeiro ainda aqui se esconda em toda espécie de rincões e surja ocasionalmente, de uma forma inconveniente; mais freqüentemente tolerado com arrogância do que realmente escandalizando, aparece talvez na tonalidade da voz de um condutor de trem, no olhar de uma velha vendedora de jornais, no sorriso do limpador de chaminés. E a terceira. . .

Um debate, no qual os pensamentos não são expressos da forma em que existiam na mente mas que, no ato de falar, são tão aguçados que podem acertar o ponto mais sensível e isto sem se considerar os indivíduos com quem se fala como pessoas presentes; uma conversação, que não é determinada nem pela necessidade de comunicar algo, nem por aquela de aprender algo, nem de influenciar alguém, nem de entrar em contato com alguém, mas é determinada unicamente pelo desejo de ver confirmada a própria autoconfiança, decifrando no outro a impressão deixada, ou de tê-la reforçada quando vacilante; uma conversa amistosa, na qual cada um se vê a si próprio como absoluto e legítimo e ao outro como relativizado e questionável; um colóquio amoroso, em que tanto um parceiro quanto ao outro se regozija no esplendor da própria alma e na sua vivência preciosa: — que submundo de fantasmas sem rosto!

A vida dialógica não é uma vida em que se tem muito a ver com os homens, mas é uma vida em que, quando se tem a ver com os homens, faz-se isto de uma forma verdadeira. Não é a vida do homem solitário que devemos chamar de monológica, mas daquele que não é capaz de atualizar, de uma forma essencial, a sociedade na qual o seu destino o faz mover-se. Somente a solidão é capaz de mostrar a natureza mas íntima do contraste. Àquele que vive dialogicamente, alguma coisa é dita no decorrer habitual das horas e ele se sente solicitado a responder; e mesmo no grande vazio de, por exemplo, uma perambulação solitária pelas montanhas, ele não é abandonado pela presença, rica em metamorfoses, do Outro que o confronta. Aquele que vive uma vida monológica nunca percebe o outro como algo que, ao mesmo tempo, não é absolutamente ele próprio mas com que ele, assim mesmo, se comunica. A solidão pode significar para ele uma multiplicidade crescente de rostos, de pensamentos, mas nunca o relacionamento profundo, conquistado numa nova profundidade, com o incompreensivelmente verdadeiro. Natureza é para ele ou um *état d'âme*, portanto uma "vivência" em si próprio, ou um objeto passivo de conhecimento, idealisticamente dotado de alma ou realisticamente alienado; ela não se transforma para ele numa palavra, a ser apreendida por meio da contemplação e da sensibilidade.

A existência dialógica recebe, mesmo no extremo abandono, uma sensação áspera e revigorante de reciprocidade; a existência monológica não se aventurará, nem na mais terna comunhão, a tatear para fora dos contornos de si mesma.

Não se deve confundir este contraste com aquele imaginado por alguns moralistas entre "egoísmo" e "altruísmo". Conheço pessoas que são absorvidas pela "atividade social" e que nunca falaram com um semelhante de homem para homem; e outras, que não têm relações pessoais com ninguém a não ser com seus inimigos, mas que têm com eles um tal relacionamento que é unicamente por culpa deles se o relacionamento não evolui para um dialógico.

Muito menos ainda pode-se equiparar o diálogo ao amor. Eu não sei de ninguém, em tempo algum, que tivesse conseguido amar a todos os homens que encontrou. Mesmo Jesus amou, manifestadamente, entre os "pecadores", somente os desprendidos, os amáveis, os que pecavam contra a Lei, e não os impermeáveis, presos aos seus patrimônios, que pecavam contra ele e a sua mensagem; no entanto, ele permanecia num relacionamento direto tanto com os primeiros como com os últimos. A dialógica não pode ser equiparada ao amor. Mas o amor sem a dialógica, isto é, sem um verdadeiro sair-de-si-em-direção-ao-outro, sem alcançar-o-outro, sem permanecer-junto-ao-outro, o amor que permanece consigo mesmo, é este que se chama Lúcifer.

Para podermos sair de nós mesmos em direção ao outro é preciso, sem dúvida, partirmos do nosso próprio interior, é preciso ter estado, é preciso estar em si mesmo. O diálogo entre meros indivíduos é apenas um esboço; é somente entre pessoas que ele se realiza. Mas por que meios poderia um homem transformar-se, tão essencialmente, de indivíduo em pessoa, senão pelas experiências austeras e ternas do diálogo, que lhe ensinam o conteúdo ilimitado do limite?

O que é dito aqui é o oposto verdadeiro do grito pela ausência total de reservas, ouvido, às vezes, no crepúsculo das épocas. Aquele que pode abordar sem reservas qualquer transeunte não tem substância a perder; mas aquele que não pode ter um relacionamento direto com cada um que encontra possui uma plenitude vã. Lutero não teve razão quando transformou em um "próximo" o "companheiro" hebraico (do qual os Setenta já tinham feito "um que está perto", um vizinho). Se tudo que é concreto está igualmente perto, está igualmente próximo, então a vida não possui mais um vínculo e uma estrutura com o mundo, não possui mais um sentido humano. Mas, na comunidade da criação, nada precisa servir de mediação entre mim e um dos meus companheiros, quando quer que nos aproximemos um-do--outro, pois estamos ligados ao mesmo núcleo.

2. Os Movimentos Básicos

Chamo de movimento básico uma ação essencial do homem, em torno do qual se constrói uma atitude essencial. (Pode-se compreendê-la como uma ação "interior", mas ela não está presente se esta presença não se fizer sentir até na tensão dos músculos oculares e no calcar do pé no chão.) Isto não é pensado de uma forma temporal, como se a ação singular precedesse a atitude permanente; esta última encontra sua verdade muito mais no fato de que o movimento básico volta sempre a se realizar, sem premeditação, mas também sem rotina. De outra maneira, a atitude teria ainda apenas um significado estético ou talvez também político, tal como uma mentira bonita e eficiente. A famosa máxima, pela qual uma atitude deve ser tomada de início, pois o resto se seguirá por si só, deixa de ser verdadeira no âmbito da ação e da atitude essenciais, isto é, quando está em jogo a totalidade da pessoa.

O movimento básico dialógico consiste no voltar-se-para-o-outro. Aparentemente trata-se de algo que acontece toda hora, algo banal; quando olhamos para alguém, quando lhe dirigimos a palavra, é com um movimento natural do corpo que a ele nos voltamos; porém, na medida do necessário, quando a ele dirigimos a nossa atenção, fazemo-lo também com a alma. Mas qual é, em tudo isto, a ação essencial, realizada com a essência do ser? Da incapacidade de apreendermos totalmente o que nos cerca, emerge esta pessoa singular e transforma-se numa presença; e eis que, na nossa percepção, o mundo cessa de ser uma multiplicidade indiferente de pontos, a um dos quais talvez prestemos atenção momentânea; mas é um movimento de ondas sem limites, em torno de um dique estreito, de contornos bem definidos, apto para suportar pesadas cargas —, um movimento sem limites, mas limitado por este dique, assim que, embora não circunscrito, tornou-se movimento finito em si próprio, recebeu uma forma, liberou-se da sua própria indiferença! E contudo, nenhum dos contatos que se dão a cada momento é indigno de aprender tudo o que for possível sobre o nosso ser — pois, como sabemos, nenhum homem é desprovido de força de expressão e nosso voltar-se-a-ele produz uma resposta, por mais imperceptível que seja, por mais rapidamente que seja sufocada; num olhar, num som, vindos da alma, que se passam talvez na mera interioridade mas que, assim mesmo, existem. Constitui um erro grotesco a noção do homem moderno que o voltar-se-para-o-outro seja um sentimentalismo que não está de acordo com a densidade compacta da vida atual e sua afirmação que o voltar-se-para-o-outro seja impraticável no tumulto desta vida é apenas a confissão mascarada da fraqueza de sua própria iniciativa diante da situação da época; ele consente que esta situação lhe ordene o que é possível ou permissível, em vez de, como parceiro sereno, estipular com ele — como é possível estipular com *qualquer* época — qual o espaço e qual a forma que ela deve conceder à existência de criatura.

O movimento básico monológico não é, como se poderia pensar, o desviar-se-do-outro em oposição ao voltar-se-para-o-outro, mas é o dobrar-se-em-si-mesmo.

Aos onze anos de idade, passando o verão na propriedade de meus avós, costumava — sempre que conseguia fazê-lo sem despertar atenção — ir furtivamente ao estábulo e acariciar o pescoço do meu favorito, um cavalo robusto e cinzento. Não era para mim um divertimento casual, mas um acontecimento importante que, se bem que agradável, despertava em mim uma emoção profunda. Se tivesse que explicá-lo agora, a partir da recordação ainda viva em minha mão, teria que dizer: o que experienciei no animal foi o Outro, a enorme alteridade do Outro, mas uma alteridade que não permanecia estranha como a do boi ou do carneiro, mas que, pelo contrário, deixava que eu me aproximasse dela e a tocasse. Quando eu alisava a poderosa crina, às vezes esplendidamente penteada, outras vezes surpreendentemente selvagem, e sentia a vida palpitando sob a minha mão, era como se o elemento da própria vitalidade resvalasse a minha pele; algo que não era eu, absolutamente não era eu e nem um pouco íntimo ao meu eu; algo que era precisa e palpavelmente o Outro, não simplesmente um outro qualquer, mas realmente o Outro ele-mesmo, e que contudo deixava que eu me aproximasse, que se confiava a mim, que se colocava comigo, de uma forma elementar, na relação do "Tu e Tu". Antes mesmo de eu começar a despejar aveia na manjedoura, o cavalo levantava com indulgência sua pesada cabeça, abanando fortemente as orelhas e depois roncava baixinho, como um conspirador que dá ao outro conspirador um sinal que só para este é perceptível; e eu estava confirmado. Uma vez, contudo – não sei o que aconteceu com o menino, de qualquer forma era algo de bastante infantil – ocorreu-me, ao acariciar a crina do cavalo, o quanto este acaririciar me divertia – e de repente tornei-me consciente da minha mão. A brincadeira continuou como sempre, mas alguma coisa tinha se modificado; não era mais Isto. E quando, no dia seguinte, depois de ter-lhe dado fartamente a comer, acariciei a nuca do meu amigo, ele não levantou a cabeça. Já poucos anos depois, ao relembrar o incidente, não supunha mais que o animal tivesse notado a minha deserção; mas na época pareceu-me que eu tivesse sido condenado.

O dobrar-se-em-si-mesmo é diferente do egoísmo ou mesmo do "egotismo". Não é que o homem se ocupe de si mesmo, se contemple, se apalpe, se saboreie, se adore, se lamente; tudo isto pode ser-lhe acrescentado, mas não é parte integrante do dobrar-se-em-si-mesmo – assim como, ao ato de voltar-se-ao-outro, completando-o, pode ser acrescentado o tornarmos o outro presente, na sua existência específica, mesmo englobarmo-lo, de forma que as situações comuns a ele e a nós mesmos sejam por nós experienciadas também do seu lado, do lado do Outro. Chamo de dobrar-se-em-si-mesmo o retrair-se do homem diante da aceitação, na essência do seu ser, de uma outra pessoa na sua singularidade, singularidade que não pode absolutamente ser inscrita no círculo do próprio ser e que contudo toca e emociona substancialmente a nossa alma, mas que de forma alguma se lhe torna imanente; denomino dobrar-se-em-si-mesmo a admissão da existência do Outro somente sob a forma da vivência própria, somente como "uma parte do meu eu". O diálogo torna-se aí uma ilusão, o relacionamento misterioso entre mundo humano e mundo humano torna-se apenas um jogo e, na rejeição do real que nos confronta, inicia-se a desintegração da essência de toda realidade.

3. A Profundidade sem Palavras

Ouço às vezes dizer que todo Eu e Tu não passa de uma superfície, que na profundidade deixam de existir a palavra e a resposta, que só existe aí o único ser primitivo, sem outro que o confronte; deveríamos, portanto, mergulhar na unidade silenciosa, mas de resto deixar que a vida a ser vivida conserve sua relatividade, em vez de lhe impor este Eu e este Tu absolutizados, com o seu diálogo.

Ora, da minha própria e inesquecível experiência sei que há ocasiões em que liames da nossa personalidade parecem ter-nos deixado e nós vivenciamos uma unidade indivisa. Mas não sei ter nisto atingido uma união com o ser primitivo ou com a divindade — como a alma de certo gosta de imaginar e, sem dúvida, é obrigada a imaginar (a minha também o fazia em outros tempos). Este é um exagero não mais permitido ao entendimento responsável. Responsável, quer dizer que, como um homem firmemente implantado na realidade, eu somente posso concluir daquelas experiências que por meio delas cheguei a uma unidade de mim mesmo, sem forma nem conteúdo e que não é passível de decomposição. Posso chamar esta unidade de original, de pré-biografia e supor que ela se esconde, imutável, sob todas as transformações biográficas, sob todo desdobramento e toda absorção da alma; contudo, dentro da honesta e sagradamente precisa prestação de contas do entendimento responsável, esta unidade nada mais é senão a unidade da minha própria alma, cujo "fundo" eu alcancei, fundo tão abaixo de todas as formações e conteúdos que meu espírito não pode deixar de compreendê-lo como o mais fundo dos fundos. Entretanto, a unidade básica da minha alma resguardou-se, ao que parece, de toda a multiplicidade recebida até agora da vida, mas não se resguardou, de forma alguma, da individuação e nem da multiplicidade de todas as almas do mundo, das quais ela é uma: existindo uma só vez, única, inigualável, irredutível — esta alma da criatura. Uma das almas humanas e não a "alma universal". Um modo de ser e não o Ser. A unidade básica da criatura, numa criatura ligada a Deus, como o é, ao *creator spiritus,* a criatura no momento antes da sua libertação; não ligada a Deus, como o é a criatura do *creator spiritus* no instante da sua libertação.

No sentir do homem, a unidade do seu próprio eu não é distinguível da unidade em geral; pois aquele que, no ato ou processo de mergulhar, afundou-se sob o campo de toda a multiplicidade que inunda a alma, não pode experienciar o não-ser-mais da multiplicidade de outra forma a não ser como unidade enquanto tal. Isto é, ele experiencia o não-ser-mais-múltiplo de si mesmo como o não-ser-mais-a-dois do Ser, como a inexistência da dualidade, revelada ou realizada. O ter-se-tornado-um não pode mais se compreender a si próprio aquém da individuação, nem mesmo aquém da dualidade de Eu e Tu, pois, para a experiência-limite da alma, "um" parece significar necessariamente a mesma coisa que o um.

Mas na facticidade da vida vivida o homem de um tal instante não está acima, mas abaixo da situação da criação, que é mais poderosa e mais verdadeira do que todos os êxtases; não está acima, mas abaixo do diálogo. Não está mais próximo do Deus oculto, que está acima do Eu e Tu, e está mais afastado do Deus voltado para os homens, do Deus que se dá como Eu a um Tu e como Tu a um Eu, do que aquele outro que, rezando, servindo, vivendo, não se ausenta da situação de confronto e que não está na expectativa de uma unidade sem palavras, a não ser aquela que talvez nos seja revelada pela morte física.

Entretanto, o homem que vive dialogicamente conhece, ele também, uma unidade vivida. É esta justamente a unidade da *vida* que, uma vez verdadeiramente conquistada, não se rompe mais por transformação alguma, não é mais rasgada em dois, em vida cotidiana da criatura e em "deificadas" horas de exaltação; é a unidade sem lacuna, sem ocultamento, da perseverança na concretude, em que é ouvida a palavra e em que é permitido gaguejar uma resposta.

4. Do Pensamento

Torna-se evidente para a reflexão espontânea que, desde sua origem, toda *arte* é essencialmente dialógica: toda música é dirigida a um ouvido que não é o do próprio músico, toda escultura, a um olho que não é o do escultor; também a arquitetura é dirigida aos passos que medem a obra. Todas elas dizem, àquele que as recebe, algo que só pode ser dito nesta linguagem única (não um "sentimento", mas um segredo percebido). Ao *pensamento,* entretanto, parece aderir algo de monológico, ao qual se acrescenta, como um segundo elemento, um elemento secundário, a comunicação; o pensamento parece nascer monologicamente. Será assim? Será que aqui – onde, como dizem os filósofos, o sujeito puro se desprende da pessoa concreta para fundar para si próprio um mundo e indagá-lo – será que se ergue aqui, acima da vida dialógica, uma cidadela inacessível a esta vida, na qual o homem, só consigo mesmo, o indivíduo, sofre e triunfa gloriosamente solitário?

Platão, repetidamente, chamou o pensamento de colóquio sem voz da alma consigo mesma. Todo aquele que realmente pensou sabe que há, dentro deste processo digno de atenção, uma fase na qual uma instância "interior" é questionada e responde. Esta, porém, não é a gênese do pensamento, mas é o primeiro exame e a primeira experiência daquilo que já surgiu. A gênese do pensamento não se efetua no colóquio do eu consigo mesmo. O caráter monológico não é próprio nem ao atendimento das relações básicas, com o qual se inicia o pensamento cognitivo; nem à apreensão, à delimitação e à condensação do entendimento; nem à transformação deste numa forma conceitual independente; nem à recepção desta forma, que confere as relações, que insere e liga, numa ordem de formas conceituais; nem mesmo, enfim, pertence o caráter monológico à expressão e à clarificação do sentido pela linguagem (que, até agora, tinha apenas uma função simbólica e técnica, sob reserva). Já é mais fácil descobrir aqui elementos dialógicos: não é a si próprio que o pensador se dirige nos degraus da formação do pensamento, nas responsabilidades que eles implicam, mas dirige-se talvez à relação básica, face à qual ele deve responder pelo seu entendimento, ou à ordem, face à qual deve responder pela forma conceitual que ora emerge; e seria um mau conhecimento da dinâmica do processo do pensamento supor que estas apóstrofes de um ser que existe na natureza ou na idéia sejam "realmente" colóquios do eu consigo mesmo.

Entretanto, o primeiro exame e a primeira experiência do pensamento provisoriamente terminado diante da instância "interior", isto é, no sentido platônico, no degrau do monólogo, tem também, além da sua forma de manifestação habitual, uma outra forma, importante e dialogizante, conhecida por Platão melhor do que por qualquer outro; quem está sendo aí julgado não é o eu empírico, mas o gênio, o espírito para o qual sou visado, a auto-imagem, espírito diante do qual o novo pensamento é exposto para ser aprovado, isto é, para ser por ele admitido dentro do seu próprio pensamento consumado.

E agora aparece, a partir de uma dimensão para a qual mesmo esta aprovação não satisfaz ainda, o anseio por um exame e uma experiência puramente dialógicos, onde a função de receber não é mais confiada ao Tu-Eu, mas é transferida a um genuíno

Tu, que, ou permanece um Tu pensado e contudo sentido como extremamente vivo e "outro" ou então se encarna numa pessoa familiar.

O homem [diz Wilhelm von Humboldt em seu notável tratado sobre o *Dualis* (1827)] anseia, mesmo para efeito do seu mero pensamento, por um Tu que corresponde ao Eu; o conceito, para ele, parece alcançar sua determinação e certeza somente por meio da reflexão que se produz a partir de um outro poder do pensamento. Ele é produzido ao se arrancar da massa movimentada da representação e ao assumir a forma de um objeto face ao sujeito. A objetividade aparece entretanto numa forma ainda mais perfeita quando esta divisão não se dá somente no sujeito, quando o agente da representação realmente percebe o pensamento no exterior de si mesmo, e isto só é possível num outro ser que, como ele, é capaz de representar e pensar. Entre um poder do pensamento e outro há, entretanto, só um mediador: a linguagem.

Uma referência que retorna, na forma mais simples de um aforismo, em Ludwig Feuerbach (1843):

A dialética verdadeira não é um monólogo do pensador solitário consigo mesmo, é um diálogo entre Eu e Tu.

Todavia, esta palavra já aponta para além daquela "reflexão"; ela mostra que, já no estágio primitivo do ato legítimo do pensamento, a ação interior procura acontecer em relação a um Tu autêntico e não apenas "íntimo" (Novalis). E na filosofia moderna, em diversas variações, mais um passo importante foi dado para frente, quando esta filosofia procura, da maneira mais séria, formular suas questões a partir da existência humana, da situação, do presente. Certamente não se trata mais aqui simplesmente de um Tu pronto para acolher e disposto a filosofar com-o-outro; trata-se muito mais e de preferência do Tu que resiste, por ser ele realmente o Outro, que pensa de forma diferente e em coisa diferente; não se trata, portanto, tampouco de um jogo de tabuleiro na torre de um castelo no ar, mas de um compromisso vital concreto, fincado em terra firme, no qual nos tornamos inexoravelmente conscientes da alteridade do Outro, sem contestá-la agora na sua presentificação, mas onde assimilamos sua natureza no nosso próprio pensamento, pensamos em relação a ela, dirigindo-nos a ela em pensamento.

Entretanto, este homem da filosofia moderna que desta maneira não pensa mais dentro do âmbito intocável da ideação pura, mas pensa na realidade, pensa, de fato, na realidade? E não apenas numa realidade pensada? Não será o Outro, que ele aceita e acolhe desta maneira, o Outro apenas pensado, portanto, apesar de tudo, irreal? Mantém-se firme o pensador de quem aqui falamos diante do fato físico da alteridade?

Se levarmos a sério o ato de pensar entre Eu e Tu, então não é suficiente dirigirmos o nosso pensamento ao outro sujeito pensante por nós apenas pensado; deveríamos também, com o pensamento, precisamente com o pensamento, viver dirigidos ao outro não-pensado, ao outro fisicamente presente, deveríamos viver dirigidos à sua concretude. Não dirigidos a um outro pensador, de quem nada queremos saber a não ser o seu pensamento, mas, mesmo que o outro seja um pensador, dirigidos ao seu não--pensar físico, dirigidos mais do que isto à sua pessoa, à qual também pertence assim mesmo a atividade de pensar.

Quando é que a ação de pensar suportará, incluirá, terá por objeto a presença de quem vive face a nós? Quando é que a dialética do pensamento se tornará dialógico? Quando se tornará ela um diálogo não sentimental, não relaxado, um diálogo nos rígidos moldes do pensamento, com o homem presente a todo momento?

5. Eros

Os gregos distinguiam um Eros poderoso, criador do mundo, de um de menos peso, que rege as almas, mas também a Eros celeste de um Eros comum. Nenhuma das duas distinções me parece absoluta. Pois o deus primitivo Desejo, de quem é derivado o mundo, é precisamente ele, sob a forma de um "suave espírito próprio aos duendes" (Jacob Grimm), que penetra na esfera das almas e, com uma arbitrariedade demoníaca, executa sua obra cosmogônica por meio da fecundação dos seres; ele é a grande borboleta portadora de pólen da psicogenia. E o "Pandemos" — presumindo-se que ele seja um Eros genuíno e não um Príapos que se faz passar impudentemente por um superior — precisa somente bater suas asas para que, nos jogos próprios ao corpo, se revele o fogo original.

Evidentemente, trata-se do seguinte: se Eros não perdeu seu poder de voar e se não está agora condenado a viver entre duros mortais e a dirigir apenas os pobres gestos de amor de sua mortalidade. E então, embora as almas dos amantes façam uma-à-outra aquilo que fazem, mas, de asa mutilada, sob o regime do Eros de asa mutilada — pois o poder e a impotência deste manifestam-se sempre por intermédio delas — as almas agacham-se onde estão, cada uma em sua cápsula, em vez de voar para fora, ao encontro da parceira amada e lá "conhecer", num além que se tornou próximo.

Os fiéis adeptos do Eros dialógico, do Eros de asas fortes, conhecem o ser amado. Eles experienciam sua vida peculiar na simples presença: não como uma coisa vista e apalpada, mas das inervações aos seus movimentos, do "interior" ao seu "exterior". Com isto não temos em mente outra coisa que não seja a experiência bipolar; e mais do que um instantâneo lançar-se-para-ou-tro-lado — uma simultaneidade em repouso. Aquele inclinar da cabeça lá do outro lado, tu sentes como a alma o impõe à nuca; tu não o sentes na tua nuca, mas precisamente naquela outra, na nuca amada; e contudo tu próprio não estás sendo de certa maneira para lá arrebatado, tu estás aqui, em teu sensível ser-próprio e acolhes o inclinar da cabeça, a sua imposição, como resposta à palavra do teu próprio silêncio; tu fazes e experiencias o diálogo na simultaneidade em repouso. Os dois fiéis do Eros dialógico, que amam um-ao-outro, recebem cada um a sensação do evento comum também do lado do outro, isto é, recebem a sensação dos seus dois lados; assim, somente assim, compreendem fisicamente o que significa um evento.

O reino do Eros de asa mutilada é um mundo de espelhos e espelhamentos. Mas lá onde reina o Eros alado não há espelhamento: aqui eu, o amante, volto-me para este outro homem, o amado, na sua alteridade, na sua independência, na sua realidade própria, e volto-me para ele com todo o poder de intenção do meu próprio coração. Certamente volto-me para ele como para alguém que está aí voltado para mim, mas precisamente dentro daquela realidade que não é registrável para mim mas que me circunda e na qual também estou aí voltado para ele. Eu não assimilo para dentro de minha alma aquele que vive face a mim; ligo-o a mim por uma promessa e prometo-me a ele; eu prometo, eu tenho fé. O Eros dialógico tem a simplicidade da plenitude; o monológico é múltiplo. Percorri durante longos anos a terra dos homens e ainda não acabei de estudar as variedades do "homem erótico" (assim se denomina às vezes o vassalo do Eros de asa mutilada). Um apaixonado erra por aí e está apaixonado somente pela sua própria paixão. Aí, alguém veste seus sentimentos diferenciados como medalhas. Aí, alguém saboreia a aventura do seu próprio fascínio. Aí, alguém contempla, encantado, o espetáculo do seu suposto abandono de si mesmo. Aí, alguém está colecionando emoções. Aí, alguém exibe o seu "poder". Aí, alguém se envaidece com vitalidade emprestada. Aí, alguém se diverte, existindo simultaneamente como ele próprio e como ídolo nada parecido com ele. Aí, alguém se aquece no calor daquilo que lhe coube. Aí, alguém faz experiências. E assim por diante — todos os múltiplos monologistas do espelho no aposento do mais íntimo diálogo.

Falei dos peixes pequenos, mas são os peixes grandes que tenho mais em mente. Existem alguns que entram em acordo com o objeto que se propõem a devorar de tal maneira que o próprio ato de devorar é visto como um direito sagrado, que o sofrimento é visto como um dever bem-aventurado e os dois juntos constituem aquilo que devemos chamar de amor heróico. Sei de "líderes" que, com sua interferência, não só lançam em confusão o plasma de um ser humano em formação, mas o decompõem em seu núcleo, tornando-o incapaz de uma formação; eles saboreiam este poder da sua influência mais iludem-se ao mesmo tempo a si mesmos e ao seu grupo, no sentido de serem eles os moldadores das almas juvenis, e proclamam como deus protetor desta obra a Eros, inacessível ao *profanum vulgus*.

Todos eles se iludem. Somente aquele que se volta para o outro homem enquanto tal e a ele se associa recebe neste outro o mundo. Somente o ser cuja alteridade, acolhida pelo meu ser, vive face a mim com toda a densidade da existência é que me traz a irradiação da eternidade. Somente quando duas pessoas dizem, uma-à-outra, com a totalidade dos seus seres: "És tu!" é que se instala entre elas o Ente.

6. Comunidade

De acordo com a visão comum à nossa época, determinada pela política, o importante nos grupos, tanto no presente como na história, é apenas o que visam e os resultados de sua ação. Pelo contário, atribui-se um significado ao que neles acontece somente enquanto este acontecimento influenciar a ação do grupo no que diz respeito ao seu objetivo. Concede-se, por exemplo, a um grupo de conspiradores que se unem para conquistar o poder estatal que a camaradagem que os anima seja um valor, pois ela intensifica a força de agressão da qual o grupo depende; uma obediência rigorosa, no entanto, surtirá o mesmo efeito, quando um treinamento cheio de entusiasmo compensar o fato de os companheiros permanecerem estranhos um-ao-outro; há realmente bons motivos para se preferir o sistema rígido. Se porventura o grupo se empenha para alcançar uma forma superior de vida social, então pode parecer perigoso quando na vida do próprio grupo alguma coisa desta forma superior começa a germinar; pois receia-se que tal seriedade prematura abafe o ímpeto "efetivador". Supõe-se aparentemente que não se pode contar com o homem que está de visita a um oásis para um projeto de irrigação do Saara.

Graças a este modo de avaliação simplificado, o valor essencial e próprio do grupo permanece tão incompreendido como quando julgamos uma pessoa somente pela sua atuação e não pelas suas qualidades. O erro no julgar aumenta ainda quando se acrescenta a isto uma conversa sobre o sacrifício da existência, sobre a renúncia à auto-realização, com uma possível referência à popular metáfora do estrume; pode-se renunciar à felicidade, à propriedade, ao poder, à liberdade, à vida, mas um sacrifício da existência é um contra-senso sublime. De mais a mais, nenhum instante, para justificar sua relação com a realidade, pode invocar instantes posteriores, futuros, alegando que é por causa destes, para alimentá-los, que ele permaneceu tão pobre: "Os destinos das estrelas, por vir, / não justificam que algo não se deu, / nenhum instante / pode ser transferido".

O espírito comunitário não reina aí onde se luta em comum, mas não em comunidade, para arrancar a um mundo que resiste a almejada transformação das instituições; ele reina onde a luta que é travada tem lugar numa comunidade que pugna por sua própria realidade comunitária. Mas também o futuro está sendo aqui decidido ao mesmo tempo; todas as "realizações" políticas são, na melhor das hipóteses, tropas auxiliares da atuação transformadora do núcleo, efetivada pelo instante nas vias imprevisíveis da história secreta. Nenhum caminho leva a um objetivo de ordem diferente da sua.

Mas quem, no interior destas coletividades massificadas, misturadas — coletividades em marcha — tem ainda alguma idéia do que seja aquela comunidade pela qual ele pensa se empenhar, o que é comunidade? Todos renderam-se àquilo que lhe é oposto. A coletividade não é uma ligação, é um enfeixamento: atados, um indivíduo junto ao outro, armados em comum, equipados em comum, de homem para homem só tanta vida quanto necessário para inflamar o passo da marcha. A comunidade, entretanto, a comunidade em evolução (que é a única que conhecemos até agora) é o estar não-mais-um-ao-lado-do-outro, mas estar um-com-o-outro, de uma multidão de pessoas que, embora movimentem-se juntas em direção a um objetivo, experienciam em todo lugar um dirigir-se-um-ao-outro, um face-a-face dinâmico, um fluir do Eu para o Tu; a comunidade existe onde a comunidade acontece. A coletividade fundamenta-se numa atrofia organizada da existência pessoal; a comunidade, no aumento e na confirmação desta existência, no interior da reciprocidade. O atual zelo devotado à coletividade é uma fuga da pessoa diante da prova e da consagração da comunidade, diante da dialógica vital que está no coração do mundo e que exige o engajamento de si-mesmo.

Os homens do coletivo contemplam do alto, num gesto de superioridade, a "sentimentalidade" da geração que os precede, geração do "movimento de juventude". Os homens ocupavam-se então ampla e profundamente com a problemática de todas as relações da vida, visavam "comunidade" e problematizavam ao mesmo tempo, giravam em círculos e não saíam do lugar. Agora, pelo contrário, comanda-se e marcha-se, pois agora existe a "causa". Os falsos caminhos da subjetividade foram deixados para trás e chegou-se ao caminho do objetivismo que leva direto aos seus fins. Mas assim como havia no primeiro uma pseudo--subjetividade, pois faltava a força elementar de um ser-Pessoa, assim também existe no último um pseudo-objetivismo, pois não se está inserido no mundo, mas numa facção sem mundo. Assim como no primeiro todas as canções de louvor à liberdade eram cantadas no vazio, pois só se conhecia o desengajamento dos vínculos e desconhecia-se a libertação para a responsabilidade, assim também no último os hinos mais nobres entoados à autoridade são agora um mal-entendido; de fato, eles fortalecem apenas o simulacro da autoridade, conseguida por palavras e gritos, e por trás'desta autoridade abriga-se uma inconsistência envolta nas poderosas pregas da atitude. Entretanto, a autoridade genuína, celebrada naqueles hinos, a autoridade do genuíno carismático na sua constante responsabilidade para com o Senhor do carisma, permaneceu desconhecida ao espaço político do presente. Superficialmente, as duas gerações são diferentes em espécie, chegando a ser contraditórias; na verdade, estão as duas submersas no mesmo caos. O homem do movimento da juventude, problematizador, preocupava-se, qualquer que tenha sido naquele momento o assunto em questão, com a sua participação altamente pessoal; ele "vivenciava" seu Eu, sem pôr em risco o seu ser-próprio, para não ter que pô-lo em risco na resposta e na responsabilidade; o homem de ação da empresa coletiva conseguiu de antemão livrar-se de si e escapar assim radicalmente à questão de pôr-se em risco. Pode-se, contudo, assinalar um progresso. No primeiro caso, o monólogo apresentava-se como diálogo; no último, as coisas acontecem de uma forma muito mais simples, pois, de acordo com o próprio desejo da maioria, o monológico é deles exorcizado ou eles perdem dele o costume; e os outros, os que comandam, não precisam de forma alguma simular qualquer dialógica. Calam-se o diálogo e o monólogo. Sem o Tu, mas também sem o Eu, marcham enfeixados os homens; os da esquerda, que querem abolir a memória, e os da direita, que querem regulá-la; hostis e separadas, as hostes marcham para um abismo comum.

3. CONFIRMAÇÃO

1. Colóquio com o Adversário

Para estas reflexões, espero duas espécies de leitores: o *amicus*, que conhece a realidade para a qual aponto com o dedo indicador, dedo que gostaria de alongar tanto como o de Batista de Grünewald; e o *hostis* ou *adversarius*, que nega esta realidade e que portanto me combate, porque eu a aponto (a seu ver de uma forma enganadora) como sendo uma realidade. Conseqüentemente, ele leva o que aqui é dito tão a sério como eu próprio que, após uma longa espera, escrevo o que é para ser escrito, — leva-o tão a sério como eu, só que com o sinal negativo. Dispensaria de boa vontade o simples *inimicus* e como tal considero todo aquele que quer me relegar ao campo ideológico e só então me conceder algum valor.

Ao *amicus,* nada preciso dizer neste momento. O bater das horas da mortalidade e do caminho que nos são comuns atinge os seus ouvidos e os meus, como se estivéssemos juntos também no espaço e conhecêssemos um-ao-outro.

Ao *adversarius,* entretanto − não é suficiente dizer aqui o que estou lhe apontando: o encobrimento de sua vida pessoal, seu segredo; o que ele, atravessando um limiar que cuidadosamente evita, descobrirá aquilo que nega. Isto não é suficiente. Não posso recusar sua objeção mais grave, devo aceitá-la onde e como ela for levantada, e devo então responder.

Eis que agora o *adversarius* senta face a mim, na sua forma de manifestação atual, de acordo com o espírito da época e fala, mais para além de mim do que a mim se dirigindo, na totalidade e atitude costumeira do duelo universal, livre de comprometimento pessoal:

Em tudo isto, não é levado em consideração o caráter fatal da nossa vida presente, nem mesmo a natureza contingente da vida em geral. Tudo de que falais ocorre na terra de ninguém, não no contexto social em que nós, querendo ou não, passamos os nossos dias e pelo qual, mais do que por outra coisa qualquer, nossa realidade é determinada. Vossos "dois homens" estão sentados em algum banco solitário, obviamente numa excursão de férias; não poderíeis colocá-los sentados num escritório de uma cidade grande, pois lá eles não atingiriam o "sacramental". Vossa "conversação interrompida" tem lugar entre intelectuais que dispõem do lazer para, alguns meses antes do monstruoso acontecimento que movimentará as massas, tecer fantasias sobre sua possível prevenção por meio de uma influência espiritual. Isto pode interessar muito às pessoas que não são absorvidas por nenhum dever. Mas deve o empregado do comércio "comunicar-se sem reservas" com seus colegas? Deve o operário na linha de montagem "perceber aquilo que lhe acontece como uma palavra que lhe é dirigida"? Deve o dirigente de uma enorme empresa técnica "praticar a responsabilidade de diálogo"? Ao exigir que penetremos na situação que de nós se aproxima, vós negligenciais a situação permanente em que cada um de nós se encontra de uma forma elementar na medida em que participamos da vida da sociedade. A despeito de todas as referências à concretude, tudo isto é o individualismo de antes da guerra numa nova edição melhorada.

E eu, na profunda consciência da impossibilidade quase total de um pensar em comum, mesmo que seja no sentido de um-contra-o-outro, quando não se faz a experiência em comum, respondo:

Antes de tudo, caro adversário: se nós devemos conversar um-com-o-outro e não apenas falar sem que as nossas palavras se encontrem, então peço-vos notar que eu não exijo. Para tanto *não* tenho vocação e nem sequer competência. Tento somente dizer que existe alguma coisa e indicar no que ela consiste; eu simplesmente relato. E como seria possível querer exigir o dialógico! O diálogo não se impõe a ninguém. Responder não é um dever, mas é um poder.

É realmente um poder. O dialógico não é, como o dialético, um privilégio da atividade intelectual. Ele não começa no andar superior da humanidade, ele não começa mais alto do que ela começa. Não há aqui dotados e não-dotados, somente há aqueles que se dão e aqueles que se retraem. E aquele que se dá amanhã, nele não se nota isto hoje, ele próprio não sabe ainda que tem este algo dentro de si, que nós o temos dentro de nós, ele vai simplesmente encontrá-lo, "e encontrando-o, surpreender-se-á".

Apresentam-se o homem absorvido pelo dever e pela empresa. Sim, é justamente a ele que me refiro, ele, na fábrica, na loja, no escritório, nas minas, no trator, na tipografia: o homem. Não estou à procura dos homens, não os escolho, eu aceito os que aí estão; é este que tenho em mente, este, atrelado ao serviço, o que move a roda, o condicionado. O diálogo não é um assunto de luxo intelectual e de luxúria intelectual, ele diz respeito à criação, à criatura; e o homem de quem falo, o homem, de quem falamos, é isto, é criatura, trivial e insubstituível.

Em minhas reflexões sobre o dialógico, tive que escolher meus exemplos tão "puros", tão paradigmáticos, como minha memória a mim os apresentou, para fazer-me compreensível sobre algo que se tornou tão pouco familiar, de fato tão esquecido. Por esta razão, aquilo que digo parece provir do domínio que chamais de intelectual, mas a realidade provém do domínio onde as coisas são bem-sucedidas, onde elas se completam, precisamente do domínio das coisas exemplares. Mas não é o puro que me interessa aqui. O que me interessa é o turvo, o reprimido, a rotina, a fadiga, o tedioso absurdo — e a ruptura. É a ruptura e não a perfeição; e, na verdade, a ruptura não provinda do desespero, com suas forças mortíferas e renovadoras, não, não aquela grande e catastrófica, ruptura que acontece uma só vez (a seu respeito convém calar-se por algum tempo, mesmo no nosso coração), mas a ruptura que liberta do estado de adversidade impassível, de contrariedade e absurdo, onde vive o homem que eu destaco ao acaso do tumulto, onde ele vive e com o qual ele pode romper e às vezes rompe. Para onde? Para nada de sublime, de heróico, de sagrado, para nenhum dilema, apenas para este pequeno rigor e a pequena graça cotidianos, em que chego a me relacionar precisamente com esta mesma "realidade" cujo dever e serviço me prendem de tal maneira que a experiencio, olhar por olhar, sinal por sinal, palavra por palavra, como ela oferecendo-se a mim e eu oferecendo-me a ela, sendo uma palavra dirigida a mim e eu, uma palavra dirigida a ela; e agora, em todo o retinir da rotina que eu chamava de minha realidade, aparece, modesta e esplêndida, a realidade atuante, a realidade da criatura, que me é confiada e pela qual respondo. Nós não encontramos o sentido nas coisas, também não o colocamos dentro das coisas, mas entre nós e as coisas ele pode acontecer.

De nada vale, caro adversário, atribuir-me primeiro o patos do "tudo ou nada" e depois provar a impossibilidade da minha suposta exigência. Eu não sei o que é tudo, nem o que é nada; um me parece tão desumano e tão imaginado como o outro; e aquilo a que me refiro é o simples *quantum satis* disso que este homem é capaz de realizar e de receber nesta hora da sua vida — se ele se entregar. Isto é: se ele não se deixar persuadir pela opinião corrente e compacta, de que há espaços excluídos da criação e que ele trabalha num destes espaços, só podendo retornar ao espaço da criação depois de terminado seu trabalho; ou mesmo que a criação seja superada, que ela seja coisa do passado, irrevogavelmente desaparecida; que o que existe agora é a empresa e que então é preciso desfazer-se de todo romantismo, cerrar os dentes e conseguir aquilo que se reconhece como necessário. Eu digo: se ele não se deixar persuadir por esta opinião! Não há fábrica nem escritório tão abandonado pela criação que neles um olhar da criatura não se possa elevar de um lugar de trabalho ao outro, de uma escrivaninha à outra, um olhar sóbrio e fraternal, que garanta a realidade da criação que está acontecendo: *quantum satis*. E nada está tão a serviço do diálogo entre Deus e o homem como esta troca de olhares, sem sentimentalidade e romantismo, entre dois homens num lugar estranho.

Mas é este, irrevogavelmente, um lugar estranho? Deve a vida do homem ligado à empresa, de agora em diante através de todos os tempos, permanecer dividida em dois, um lugar estranho, o "trabalho", e uma pátria, que é o "lazer"? E mais: já que as noites e os domingos não podem libertar-se do caráter próprio ao dia de trabalho mas são por ele inevitavelmente marcados, deve a vida então ser dividida entre a empresa do trabalho e a empresa do lazer, sem um resto de espontaneidade, sem um excedente que nada regulamenta — sem liberdade? (E a liberdade a que me refiro também não é instituída por nenhuma nova ordem social.) Ou será que já se move, sob todas as insatisfações por satisfazer, uma insatisfação desconhecida, muito profunda, para a qual não existe ainda receita de satisfação em lugar algum, mas que crescerá a uma tal potência que passará a ditar aos dirigentes técnicos, aos empresários, aos inventores: prossegui racionalizando, mas humanizai em vós a *ratio* racionalizadora, para que ela inclua, nos fins que se propõe, nos seus cálculos, o homem que vive, que sente a necessidade de estar em reciprocidade com o mundo! Será que, caro oponente, já se move nas profundezas — um impulso para uma grande construção ou uma pequena centelha da última revolução — a nostalgia pela dialogização da empresa? Isto é, segundo a fórmula do *quantum satis:* a nostalgia por uma ordem de trabalho pela qual a empresa seja tão continuamente impregnada da dialógica vital quanto o permitem as tarefas a serem cumpridas? E em que medida elas podem permiti-lo, disto temos apenas um pressentimento hoje — numa hora em que a questão que coloco está entregue a fanáticos do conformismo com o tempo, cegos à realidade, e aos anunciadores da inacessível tragédia do mundo, cegos à possibilidade.

Compreendam bem o que testemunha este fato que um operário pode experienciar também a sua relação com a máquina como uma relação dialógica, quando, por exemplo, um tipógrafo conta que ocasionalmente percebe o zumbido da sua máquina como "um sorrir alegre e grato dirigido a mim, que a ajudei a eliminar as dificuldades e obstáculos que a incomodavam, arranhavam e lhe causavam dor, para que ela pudesse agora funcionar livremente". Isto não vos faz também pensar na história de Androcles e o leão?

Mas onde o homem arrasta para o seu anseio de diálogo um ente inanimado, emprestando-lhe independência e uma espécie de alma, aí pode surgir nele o pressentimento de um diálogo universal, do diálogo com o acontecer do mundo, que se lhe apresenta precisamente no seu ambiente, também no ambiente material. Ou pensais vós seriamente que o dar e o receber de signos cessam no limiar de uma empresa onde existe um espírito honesto e aberto?

Será que o dirigente de uma grande empresa técnica pode exercer uma responsabilidade dialógica? — perguntais rindo. Ele pode fazê-lo. Pois ele a exerce quando, na medida do possível, *quantum satis,* torna presente para si, na sua concretude, a empresa que dirige; ele a exerce, quando a experiencia não como uma estrutura de centros de energia mecânicos e os seres orgânicos que os servem (não havendo para ele, entre os últimos, diferenciação alguma que não seja a funcional), mas experienciandoa como um conjunto de pessoas dotadas de rostos, de nomes e biografias, ligadas por uma obra que se manifesta através das realizações de um mecanismo complicado, mas que não consiste nestas realizações. Ele a exerce quando, graças a uma fantasia latente e disciplinada, tem consciência íntima desta multidão de pessoas que naturalmente não pode conhecer individualmente e das quais não pode se lembrar, de tal forma que, quando uma delas, por uma razão ou outra, aparece agora realmente enquanto indivíduo no círculo da sua visão e no âmbito da sua decisão, ele a percebe não como um número com uma máscara humana mas, sem esforço, como uma pessoa. Ele a exerce quando compreende e trata estas pessoas como pessoas, na maioria das vezes necessariamente de uma forma indireta, através de um sistema de mediação que varia de acordo com o volume, com a espécie e a estrutura da empresa, mas também diretamente nos setores que o interessam de uma forma organizacional. Naturalmente, de início os dois campos, o do capital e o do proletariado, condenarão sua magistral atitude fantasiosa como um fantasiar descabido e sua atitude prática face às pessoas como um diletantismo, mas de uma forma igualmente natural só o farão até que o aumento das suas realizações técnicas o abonem diante de seus olhos (o que obviamente não implica que tais aumentos de realização aconteçam necessariamente: entre a verdade e o sucesso não há harmonia preestabelecida). Então, certamente, algo pior seguir-se-á: ele será pragmaticamente imitado, isto é, procurar-se-á usar seu "procedimento", sem se possuir sua mentalidade nem imaginação; mas este caráter demoníaco inerente à história do espírito (lembrai apenas de todas as tentativas de transformar a religião em magia) fracassará possivelmente aqui, diante da capacidade de discernimento das almas humanas. E, enquanto isto, esperamos que uma nova geração surgirá, geração esta que fará aprendizagem com as coisas vivas e levará tudo tão a sério como ele o faz.

Indiscutivelmente, aumenta na nossa época o condicionamento dos homens pelas "circunstâncias" em curso. Não cresce somente a massa absoluta dos objetivos sociais mas também seu poder relativo. Na sua situação de ser por eles codeterminado, o indivíduo está a cada momento face à concretude do mundo, que a ele quer se entregar e dele quer receber uma resposta; sob o peso da situação, ele encontra novas situações. E contudo, a despeito de toda multiplicidade e complexidade, ele permaneceu Adão: mesmo agora é tomada dentro dele a decisão real se ele enfrenta a voz de Deus que se lhe torna audível nas coisas e nos eventos — ou se ele se esquiva. E um olhar da criatura dirigido à outra criatura pode, às vezes, ser resposta suficiente.

O condicionamento sociológico do homem aumenta. Mas este aumento é o amadurecimento de uma tarefa, não no que diz respeito ao dever, mas no que é permitido e no que é necessário, no anseio e na graça. É necessário renunciar à mania ou ao hábito pantécnicos que "dominam" qualquer situação; é necessário acolher no poder dialógico da vida autêntica desde os triviais mistérios do cotidiano até a majestade do destino destruidor. A tarefa torna-se cada vez mais difícil e cada vez mais essencial; a realização, cada vez mais obstruída e cada vez mais rica em decisões. Todo o caos organizado da época espera pela ruptura e, onde quer que o homem perceba e responda, está ele contribuindo para este fim.

A QUESTÃO QUE SE COLOCA AO INDIVÍDUO

A responsabilidade é o cordão umbilical da criação.
P.B.

1. "O ÚNICO" E O INDIVÍDUO

Soeren Kierkegaard tornou-se o pensador a estudar profundamente o Cristianismo como um problema paradoxal para o "Cristão" individual graças à categoria do "Indivíduo" que dele tomou conta e que ele elaborou até à extrema pureza. Ele foi capaz deste feito, no entanto, graças à natureza radical de sua solidão. Não é possível compreender seu "Indivíduo" sem compreender a sua solidão. Esta diferia em espécie daquela professada pelos mais antigos pensadores cristãos, como Agostinho ou talvez Pascal, cujos nomes gostaríamos de ligar ao seu. Não é por acaso que Agostinho tenha tido uma mãe perto de si e Pascal uma irmã, que mantinham a conexão orgânica com o mundo, como só uma mulher, como emissária do Elemento, pode fazê-lo; o acontecimento central da vida de

Kierkegaard, porém, e o núcleo da cristalização do seu pensamento foi sua renúncia a Regina Olsen, ou seja, uma renúncia à mulher e ao mundo. Não podemos tampouco comparar esta solidão à de um monge, à de um eremita; para este, a renúncia coloca-se de uma forma essencial somente no início e, embora ela tenha que ser constantemente reconquistada e consumada, não é ela o tema da vida, não é ela o problema fundamental e a matéria de que se tece todo ensinamento; mas é precisamente isto que a renúncia significa para Kierkegaard. Ela se inscreve na categoria do Indivíduo, "a categoria pela qual, do ponto de vista religioso, devem passar o tempo, a história, a geração" (Kierkegaard, 1874).

Um confronto nos dará, de início, uma consciência exata daquilo que o Indivíduo não é, num sentido especial e especialmente importante. Poucos anos antes de Kierkegaard ter esboçado sua *Meldung an die Geschichte,* sob o título *Der Gesichtspunkt für meine Wirksamkeit als Schriftsteller,* em cujas "Notas" a categoria do Indivíduo encontrou sua formulação adequada, Max Stirner compunha seu livro sobre o "Único". Este último é também um conceito-limite como "o Indivíduo", só que do extremo oposto. Nominalista patético e desmascarado de idéias, Stirner queria dissolver os pretensos restos do idealismo alemão (assim ele encarava Ludwig Feuerbach), elevando não mais o sujeito pensante e nem o homem, mas o indivíduo concreto aí presente como "o Eu exclusivo", à categoria de sustentáculo do mundo, isto é, do "seu" mundo. Já que não existe aqui, primariamente, um outro qualquer, a não ser este Único que se "consome a si mesmo" na "fruição de si próprio", já que não existe senão ele, primariamente, sempre que alguém, tão intensamente, toma posse e consciência de si próprio — por causa da "unidade e da onipotência do nosso Eu, que é auto-suficiente, pois não deixa nada de estranho subsistir fora de si" — desaparece também a questão de uma relação essencial entre ele e os outros. Ele só tem relação essencial consigo mesmo (a pretensa "participação viva" "na pessoa do Outro" de Stirner não tem essência, já que para ele o outro não existe de forma primária). Isto quer dizer: ele possui somente aquela estranha relação consigo mesmo à qual não faltam certas possibilidades mágicas, pois toda a existência que não seja a sua torna-se uma caça aos espíritos, semidependentes e semilivres; mas o genuíno poder de se relacionar é para o Único tão ausente que é preferível continuarmos chamando de relação somente aquela na qual se pode dizer não apenas Eu, mas também Tu. Costuma-se subestimar esta figura-limite de um Protágoras alemão: o esvaziamento que a responsabilidade e a verdade sofreram na sua realidade e que caracteriza os nossos dias têm, aqui, senão sua origem espiritual, pelo menos seu prenúncio conceitual exato. "O homem que só pertence a si próprio... é originalmente livre, pois ele nada reconhece a não ser a si mesmo" e "Verdadeiro é o que é Meu" são fórmulas que prefiguram um congelar das almas não imaginado por Stirner em toda a segurança da sua retórica. Mas muitos dos rígidos Nós coletivos, que recusam uma instância superior, podem facilmente ser compreendidos como uma tradução da linguagem do Único para a do Eu-grupal que nada reconhece a não ser a si mesmo, tradução empreendida contra a intenção de Stirner, que se opõe veementemente a qualquer versão pluralista.

O Indivíduo de Kierkegaard tem em comum com o Único de Stirner, seu oponente, que os dois são categorias-limite; não tem nada mais em comum com ele e nem nada menos.

A categoria do Indivíduo não se refere tampouco ao sujeito ou "ao homem", mas à singularidade concreta; não se refere, entretanto, ao indivíduo aí presente mas, antes, à pessoa que se encontra a si mesma. O encontrar-se-a-si-mesmo, ainda que primitivamente remoto, por mais contrário que seja ao "utilizante" de Stirner, não se aproxima tampouco daquele "conhece-te" que visivelmente tanto trabalho deu a Kierkegaard. Pois significa um tornar-se, e isto com um peso de seriedade que só se tornou possível, pelo menos para o Ocidente, através do Cristianismo; um tornar-se, portanto, que tem uma forma decididamente diferente da do parto socrático, embora Kierkegaard já faça Sócrates utilizar esta categoria para "a dissolução do paganismo". "Ninguém, ninguém está excluído da possibilidade de tornar-se um Indivíduo, com exceção daquele que se exclui a si mesmo tornando-se multidão." Aqui não somente o "Indivíduo" defronta-se com a "multidão", mas também o tornar-se se defronta com o modo de ser que diante dele recua. Isto poderia ainda concordar com o pensamento socrático. Mas o que significa tornar-se um Indivíduo? O relato de Kierkegaard mostra claramente a natureza não-mais-socrática de sua categoria. Diz ele, com efeito, que preencher "a primeira condição de toda religiosidade" é precisamente "ser um homem individual". É por esta razão que "o Indivíduo" é "a categoria pela qual, do ponto de vista religioso, devem passar o tempo, a história, a geração".

Já que o conceito de religiosidade tornou-se desde então indefinido, torna-se necessário definir com mais exatidão o que Kierkegaard tem em mente. Ele não pode ter em mente que tornar-se um Indivíduo seja a primeira condição do estado de alma chamado de religiosidade. Não se trata do estado de uma alma, mas da existência naquele sentido estrito da palavra em que ela, precisamente pelo fato de realizar a natureza da pessoa, ultrapassa essencialmente o limite desta pessoa, de forma que o Ser, o Ser que me é familiar, deixa de ser familiar e não significa mais o meu Ser, mas a minha participação no Ente. É exatamente isto que Kierkegaard tem em mente; ele o expressa pela palavra fundamental, quando diz que o Indivíduo "correspon-de" a Deus. No relato de Kierkegaard, então, o conceito de "toda religiosidade" deve ser mais precisamente definido como: toda realidade religiosa. Mas já que isto também está exposto ao mal epidêmico (de que sofre a palavra no nosso tempo, pelo qual todas as palavras ficam recobertas instantaneamente pela lepra da rotina e transformam-se num *slogan*), é necessário ir mais longe ainda, tão longe quanto possível e, renunciando à incômoda "religião", assumir um risco, mas um risco necessário, e explicitar o significado da frase: de todo verdadeiro intercâmbio humano com Deus. Kierkegaard tem isto em mente e ele assim o demonstra, referindo-se a um "falar com Deus". E de fato, o homem só pode ter um intercâmbio com Deus enquanto Indivíduo, enquanto homem que se tornou Indivíduo, — isto é expresso pelo *Antigo Testamento* de tal forma que, embora nele um povo encontre também a divindade enquanto povo, ele permite que apenas uma pessoa portadora de um nome, Enoch, Noé, possa a cada vez "ter um intercâmbio como Elohim". Não antes que o homem possa, com toda realidade, dizer eu — isto é, encontrando-se a si mesmo, pode ele, com toda realidade, dizer Tu — isto é, a Deus. E mesmo que ele o faça numa comunidade, só pode fazê-lo "sozinho". "Enquanto 'Indivíduo', ele (todo homem) está sozinho, sozinho no mundo inteiro, sozinho diante de Deus." Isto é — e é estranho que Kierkegaard nisto não pense — inteiramente não-socrático. Nas palavras "O divino faz-me um sinal", a "religiosidade" de Sócrates manifesta-se significativamente para todas as épocas; mas as palavras "Eu estou sozinho diante de Deus" são inconcebíveis na sua boca. O "sozinho" de Kierkegaard não é mais socrático; é o "sozinho"

82

de Abrão – *Gênesis* 12,1 e 22,2, no mesmo "segue em frente", exigem da mesma maneira que nós possamos nos libertar de todos os vínculos, dos vínculos com o mundo do pai e com o mundo do filho – e, isto é, de Cristo.

Para maior clareza, é ainda necessária uma dupla delimitação. Primeiro, no que diz respeito ao misticismo. Este deixa também o homem sozinho diante de Deus, mas não enquanto Indivíduo. A relação com Deus, como é pensada pelo misticismo, é, como sabemos, o "desaparecimento" do Eu, e o Indivíduo cessa de existir quando, mesmo no abandono, não é mais capaz de dizer Eu. Assim como o misticismo não quer permitir que Deus assuma a forma de um servo, própria da pessoa que fala e que age, de um criador e de um revelador e não permite que Deus percorra, através do tempo, o caminho da paixão, como o parceiro da história que compartilha com ela todo o sofrimento do destino; assim ele proíbe também ao homem, enquanto Indivíduo, que persiste como tal, de orar verdadeiramente, de servir verdadeiramente, de amar verdadeiramente, como só é possível fazê-lo de um Eu a um Tu; o misticismo tolera o Indivíduo apenas para que ele se dissolva integralmente. Kierkegaard sabe entretanto o que é o amor, pelo menos no que diz respeito a Deus; e sabe, portanto, que – embora não exista um amar-a-si-mesmo que não seja auto-ilusão (pois aquele que ama, e é aquele que importa, só ama o outro e essencialmente não a si mesmo) – não existe amor sem eu ser eu-mesmo e sem eu permanecer eu-mesmo.

A segunda delimitação necessária diz respeito ao "Único" de Stirner (para uma maior exatidão conceitual, esta expressão é preferível a outras mais humanísticas, tal como o egotista de Stendhal).

Impõe-se, porém, uma delimitação preliminar em relação ao assim chamado individualismo que, como sabemos, produziu também uma variedade "religiosa". O Indivíduo, a pessoa pronta e apta a estar-sozinha-diante-de-Deus, é o oposto daquilo que se chamava, em tempos ainda não distantes, de personalidade (termo que é uma traição ao espírito de Goethe); e o tornar-se Indivíduo do homem é o oposto do "desenvolvimento pessoal". Todo individualismo, assuma ele o nome de estético, ético ou religioso, acha um prazer fácil e frívolo no homem, contanto que este se "desenvolva". Em outras palavras: o individualismo "ético" e o "religioso" são somente variações do "estético" (que é tão pouco *Aisthesis* genuína como aquelas

83

são *Ethos* genuíno e religião genuína). A moralidade e a piedade, levados a tornar-se desta forma um fim em si, devem também contar-se entre as exibições e os espetáculos de um espírito que não conhece mais o Ser, mas apenas suas reflexões no espelho.

Stirner começa onde o individualismo cessa de ser frívolo. É verdade que também se preocupa com uma "formação da personalidade livre", mas no sentido de um retirar-se do mundo do "homem que só pertence a si-próprio": ele preocupa-se com o rompimento de seus vínculos e seus compromissos existenciais, com sua libertação de toda alteridade ôntica das coisas e dos seres, que só podem servir ainda de "alimento" ao seu ser-próprio. A oposição entre o Único de Stirner e o Indivíduo de Kierkegaard chega ao máximo de clareza quando surgem as questões que se referem à responsabilidade e à verdade.

Para Stirner, ambas têm que ser, necessariamente, questões falsas. Mas é importante constatar que, crendo destruir os dois conceitos fundamentais, Stirner destruiu somente sua forma rotineira, preparando assim, contrariamente a qualquer intenção sua, a purificação e renovação de ambos. Contemporâneos seus, tentando escrever história, tacharam-no de moderno sofista; mas desde então a função de sofistas e, com isto, também a função dos que se lhes assemelham, foi reconhecida como uma função de preparar dissolvendo. É possível que Stirner tenha compreendido tão pouco a Hegel quanto Protágoras a Heráclito; mas assim como nada é dito ao se criticar Protágoras por ter devastado os jardins do grande cosmólogo, assim também Stirner não é atingido ao ser ridicularizado como intruso, insuspeito e irreverente, nos campos da filosofia pós-kantiana. Stirner não é, e os sofistas também não o são, um curioso interlúdio na história do pensamento humano. Como eles, ele é um *Epeisodion* no sentido original: no seu monólogo, a ação muda secretamente; o que se segue é algo de novo; assim como Protágoras leva ao seu contemporâneo Sócrates, Stirner leva ao seu contemporâneo Kierkegaard.

A responsabilidade pressupõe alguém que se dirige a mim de uma forma primária, isto é, de um âmbito independente de mim mesmo, e a quem eu devo prestar contas. Ela se dirige a mim a respeito de algo que me confiou e de cuja tutela estou incumbido. Ele se dirige a mim no âmago da sua confiança e eu respondo na minha lealdade ou recuso-me a responder na minha deslealdade ou então, tendo caído eu na deslealdade, me liberto à força pela lealdade da resposta. Eis a realidade da responsabilidade: prestar contas daquilo que nos foi confiado, diante daquele que no-lo confiou, que lealdade e deslealdade venham à luz do dia, mas não ambas com o mesmo direito, já que precisamente agora permite-se à lealdade renascida dominar a deslealdade. Lá onde nenhuma reivindicação primária pode me tocar, pois tudo é "Minha propriedade", a responsabilidade tornou-se um fantasma. Todavia, dissolve-se com isto, ao mesmo tempo, o caráter de reciprocidade da vida. Quem cessa de dar a resposta, cessa de ouvir a palavra.

Mas o que está sendo questionado por Stirner não é absolutamente esta realidade da responsabilidade; ela lhe é desconhecida. Stirner simplesmente desconhece aquilo que, de realidade elementar, acontece entre um ser e outro ser; ele desconhece então também os mistérios da apóstrofe e da resposta, da reivindicação e da negação, da palavra e da réplica; isto nunca foi por ele experienciado, porque o homem só pode experienciá-lo quando não se fecha à alteridade, à primitiva e ôntica alteridade do outro (à primitiva alteridade do outro que, naturalmente, mesmo em se tratando de Deus, não se deve restringir a uma "total alteridade"). O que Stirner, com sua força destrutiva, ataca com sucesso é o substituto de uma realidade em que não se acredita mais; é a responsabilidade fictícia face a uma razão, a uma idéia, a uma natureza; uma instituição face a toda espécie de fantasmas ilustres, face a tudo aquilo que não é essencialmente uma pessoa e portanto não pode realmente levar à responsabilidade, como fazê-lo pai e mãe, príncipe e mestre, esposo e amigo, como pode fazê-lo Deus. Ele quer mostrar a nulidade da palavra que degenerou numa frase; mas nunca conheceu a palavra viva; desvela aquilo que conhece; ignorante da realidade, cuja aparência é a aparência, demonstra que sua natureza é aparência. Stirner dissolve a dissolução. "O que vocês chamam de responsabilidade é uma mentira!" grita – e tem razão; é uma mentira. Mas há uma verdade. E o caminho que a ela leva estará mais desimpedido depois que a mentira tiver sido desmascarada.

Kierkegaard tem em mente a responsabilidade verdadeira quando, passando por Stirner numa disparada parabólica, fala sobre a multidão e sobre o Indivíduo: "Ou bem a multidão permite uma total falta de arrependimento e de responsabilidade ou então ela enfraquece a responsabilidade do Indivíduo, pois a reduz ao tamanho de um fragmento." Estas palavras, às quais pretendo retornar, não se referem mais a uma ilusão de uma responsabilidade sem receptor, mas referem-se à responsabilidade genuína, novamente reconhecida, onde aquele que me confiou um bem exige-o de mim e eu devo abrir as mãos ou elas petrificarão.

Stirner desmascarou como irreal a responsabilidade apenas ética, expondo a não-existência dos pretensos receptores enquanto tais; Kierkegaard proclamou novamente a responsabilidade que reside na fé.

E o que vale para a responsabilidade, vale para a própria verdade. Aqui o encontro parabólico torna-se mais inquietante ainda.

"Verdade... só existe – na tua cabeça." "A verdade é uma – criatura." "Para Mim não existe verdade, pois nada Me supera!" "Enquanto tu crês na verdade, não crês em ti... Tu sozinho és a verdade." O que Stirner empreende aqui é a dissolução da verdade *possuída,* da verdade de que se pode tomar posse e que é possuível, do bem comum "verdade" que é ao mesmo tempo independente da pessoa e acessível à pessoa. Ele não a empreende, como os sofistas e outros céticos, por meios epistemológicos; o método epistemológico parece não lhe ser conhecido, ele se comporta de forma tão audaciosamente ingênua como se Hume e Kant nunca tivessem vivido. A epistemologia, entretanto, também não lhe teria fornecido aquilo de que precisava; pois ela, bem como a teoria solipsista, conduz sempre somente ao sujeito cognoscente e não à pessoa humana concreta, visada por Stirner com um fanatismo indesviável. O meio pelo qual empreende a dissolução da verdade possuída é a demonstração de que ela é condicionada pela pessoa. "Verdadeiro é o que é Meu" – está já aí oculto o princípio básico dos nossos dias: "O que eu considero verdadeiro é condicionado por aquilo que eu sou"; a este juntam-se duas sentenças para servir de alternativa ou combinação – certamente para o espanto de Stirner, mas numa seqüência lógica e como uma exposição inseparável. São elas: "e o que eu sou, é condicionado por meus complexos" e "e o que eu sou é condicionado pela classe a que pertenço", com todas as suas variantes. Stirner é o pai involuntário das modernas relativizações psicológicas e sociológicas que, por seu lado – antecipemos isto desde já – são ao mesmo tempo verdadeiras e falsas.

E novamente Stirner tem razão, novamente dissolve a dissolução. A verdade *possuída* nem chega a ser uma criatura, é um fantasma, é um súcubo, com o qual o homem só pode imaginar eficazmente estar vivendo, mas com o qual não pode viver. Tu não podes deglutir a verdade, ela não é cozida em nenhuma panela do mundo, tu nem podes fitá-la boquiaberto, pois ela não é um objeto. E contudo, existe uma participação no Ser da verdade inacessível – para o homem que passa pela prova. Existe uma relação real entre a totalidade da pessoa humana e a verdade não possuída, não possuível, e esta relação se completa somente no ato de passar pela prova. Esta relação real, qualquer que seja o nome que lhe é dado, é a relação com o Ente.

O redescobrimento da verdade, destronada no mundo humano pela aparência da verdade mas que é, na verdade, eternamente irremovível, que não podemos possuir mas a qual e pela qual podemos servir por meio da percepção *e* do ato de passar pela prova, este redescobrimento é realizado por Kierkegaard numa série paradoxal de sentenças. Começa com as palavras:

> Aquele que a (a verdade) comunica é somente um Indivíduo; e portanto, sua comunicação é um comportamento face ao Indivíduo; pois esta visão da vida, "o Indivíduo", é precisamente a verdade.

Escutemos com atenção. Não é o fato do Indivíduo existir e nem que ele deva existir que é aqui descrito como verdade, mas é "esta visão da vida", que consiste no existir do Indivíduo e, por isso, é também com ele simplesmente identificada: ser o Indivíduo é a comunicação da verdade, isto é, da verdade humana. "Tu sozinho és a verdade", é o que diz Stirner; "o Indivíduo é a verdade", é o que se diz aqui; este é o inquietante e parabólico fenômeno de palavras que apontei: numa "época de dissolução" (Kierkegaard) existe um ponto vazio, no qual o Não e o Sim encontram um-ao-outro e passam um-pelo-outro, com toda a sua força, mas de uma maneira puramente objetiva e sem disto ter consciência. Kierkegaard prossegue:

> A verdade não pode ser comunicada nem recebida, exceto como se fosse diante dos olhos de Deus, exceto com a ajuda de Deus, exceto assim, que Deus esteja também aí presente, que ele seja a determinação intermediária, assim como ele é a verdade... Pois Deus é a verdade e a sua codeterminação.

Então: " 'O Indivíduo' é a verdade" e "Deus é a verdade". Isto é verdadeiro, porque o Indivíduo "corresponde" a Deus. É por isso que Kierkegaard pode dizer que a categoria "O Indivíduo" é e permanece "o ponto fixo que pode oferecer apoio contra a confusão panteísta". O Indivíduo corresponde

87

a Deus. Pois "ser homem quer dizer ser aparentado com a divindade". Na linguagem do *Antigo Testamento:* o Indivíduo realiza a "imagem" de Deus, justamente por ter-se tornado um Indivíduo. Na única linguagem em que uma geração que luta com o problema da verdade, que a ele sucumbe, que dele se desvia, mas que também o agride de novo, pode compreender a dominação: o Indivíduo passa existencialmente pela prova da verdade que emerge pelo fato de "o existir pessoal expressar o que é dito (eu diria: o que não é dito)". Existe este lado humano da verdade: na existência humana. Deus é a verdade, porque ele é; o Indivíduo é a verdade, porque ele se encontra para a sua existência.

Stirner dissolveu a verdade apenas noética e, contra todo o seu saber e o seu querer, liberou o espaço em que penetrou a verdade acreditada e comprovada de Kierkegaard, a verdade que não se pode mais receber e possuir apenas pela noese, mas que deve ser existencialmente realizada a fim de ser intimamente conhecida e ser comunicada.

Mas há aqui ainda um terceiro e último fator de contato e de repulsão. Para Stirner, todo homem é o Único, se ele somente se descartar de toda carga ideológica (à qual pertence aqui o religioso) e se estabelecer como o dono de sua propriedade, o mundo. Para Kierkegaard, "todo, absolutamente todo homem" "pode e deve" ser "o Indivíduo", – ele só deve..., sim, o que deve ele somente? Ele só deve tornar-se um Indivíduo. Pois "o caso é este, esta categoria não pode ser ensinada de uma cátedra, ela é uma aptidão, uma arte, ... e uma arte cuja prática poderia, com o tempo, exigir a vida daquele que a exerce". Mas quando investigamos com cuidado se afinal de contas não existe em algum lugar uma definição mais próxima, mesmo que não seja ensinada de uma cátedra, encontraremos uma, – não mais do que uma, não mais do que uma única palavra, mas ela é encontrada: "obedecer". Em todo caso, isto é proibido ao Único de Stirner pelo seu autor em qualquer circunstância; sim, é fácil verificar que por trás de todas as proibições de Stirner ao seu Único esta se apresenta como a proibição real, a abrangente, a decisiva. Com este único verbo, com esta "palavra-comando", Kierkegaard repele decisivamente o espírito que "na época da dissolução" e sem que ambos o soubessem aproximou-se tanto dele, aproximou-se demais dele.

E contudo – como mostram as luzes do nosso tempo – ambos atuam juntos, fundamentalmente diferentes, fundamentalmente estranhos um ao outro, nada tendo a ver um com o outro, mas que – um-com-o-outro – nos interessam: não há cem anos, mas hoje; um anunciando a decadência como decadência, o outro demonstrando a inviolabilidade da estrutura eterna. Não obedecer mais a nenhum senhor usurpador, eis a exigência de Stirner; Kierkegaard não tem nenhuma – ele repete o antigo, abusado, profanado, gasto, o inviolável: obedecer ao Senhor. Se um homem se torna um Indivíduo, "então a obediência é aceitável", mesmo no tempo da dissolução, quando a obediência não é aceitável de outra forma.

Stirner leva os homens de ruelas de toda espécie para o campo aberto, onde cada um é o Único e onde o mundo é sua propriedade. Aí eles se agitam na fútil ausência de compromissos e nada resulta a não ser a agitação, até que, um após o outro, comece a perceber qual o nome deste campo. Kierkegaard leva a um "desfiladeiro": sua tarefa é, se possível,

levar muitos, convidá-los, induzi-los a forçar o caminho por este desfiladeiro que é "o Indivíduo", pelo qual, bem entendido, ninguém passa sem tornar-se "o Indivíduo"; o contrário é claramente uma impossibilidade categorial.

Eu penso, entretanto, que na história real o caminho para este desfiladeiro atravessa aquele campo aberto que se chama em primeiro lugar de egoísmo individual, depois de egoísmo coletivo e, finalmente, por seu verdadeiro nome, que é desespero.

Mas há realmente um caminho através do desfiladeiro? É possível realmente tornar-se um Indivíduo?

Eu próprio não pretendo sê-lo já, diz Kierkegaard, porque, embora por isto já tenha lutado, ainda não o consegui; continuo porém lutando, mas como alguém, no entanto, que não esquece que ser "um Indivíduo", no sentido mais elevado, está além das forças de um homem.

"No sentido mais elevado" – é o dizer cristão e cristológico e manifesta o paradoxo da tarefa cristã: mas é convincente também para o não-cristão. Está implícito neste dizer o pensamento que nenhum homem pode afirmar de si mesmo que tenha se tornado o Indivíduo, já que permanece sempre, superior a ele, irrealizado, um sentido ainda mais alto da categoria; mas está implícito ao mesmo tempo o pensamento que todo homem tem, apesar de tudo, a possibilidade de tornar-se um Indivíduo. As duas coisas são verdadeiras.

Só é possível trabalhar de uma maneira decisiva para a eternidade onde o Um existe; e ser este Um, que todos podem se tornar, significa querer deixar-se ajudar por Deus.

Este é um caminho.

E, entretanto, não é o caminho: por razões de que não falei neste capítulo e das quais terei que falar agora.

2. O INDIVÍDUO E SEU TU

Como vimos, o "tornar-se um Indivíduo" de Kierkegaard não é pensado no sentido socrático: este tornar-se tem por finalidade não a vida "verdadeira", mas o penetrar em uma relação. Tornar-se significa aqui tornar-se *para* alguma coisa, "para" no sentido rigoroso da palavra, em um sentido que simplesmente transcende o âmbito da própria pessoa; significa estar preparado para a única relação, que só pode ser penetrada pelo Indivíduo, o Um, relação em função da qual o homem existe.

Esta relação é exclusiva. É a relação exclusiva, e isto significa, de acordo com Kierkegaard, que é a relação excludente, que exclui todas as outras relações ou, mais exatamente: que, graças à sua essencialidade única, bane todas as outras relações para o reino da inessencialidade.

"Cada um deve ser apenas cauteloso no seu contato com 'os outros' e apenas deve falar de uma forma essencial com Deus e consigo mesmo", diz ele na exposição da categoria; cada um — é assim que devemos compreender isto — já que cada um pode tornar-se o Um.

Aqui, a ligação estabelecida entre o "com Deus" e o "consigo mesmo" já constitui uma grave discordância que nada pode atenuar. Todo o entusiasmo dos filósofos pelo monólogo, de Platão a Nietzsche, não toca a simples experiência da fé de que falar com Deus é algo *toto genere* diferente do "falar consigo--mesmo", enquanto, de forma estranha, não é algo *toto genere* diferente do falar com um outro ser humano. Pois no último caso é comum a um e outro o fato de serem alvo de uma aproximação, de um toque, de uma palavra, fato que não pode ser antecipado em nenhuma profundidade da alma; isto não lhes é comum no primeiro caso, a despeito de todas as aventuras que desdobram a alma — jogos, inebriações, sonhos, visões, surpresas, imprevistos e encantamentos —, a despeito de todas as tensões e divisões e de todas as imagens nobres e fortes usadas no intercâmbio consigo mesmo. "E então um tornou-se dois" (Nietzsche) — o que nunca pode ser *onticamente* verdadeiro, como também não pode sê-lo o contrário "um e um reunidos em um" (Eckhart). Só quando eu chego a ter uma relação essencial com um outro, de forma que ele não é mais um fenômeno do meu Eu, mas é o meu Tu, só então eu experiencio a realidade do falar-com-alguém — na inviolável autenticidade da reciprocidade.

Mas neste ponto Kierkegaard parece corrigir-se a si mesmo. No seu *Diário* onde coloca a questão: "E como é que alguém se torna um Indivíduo?", a resposta inicia-se com a formulação obviamente mais válida para o problema em discussão: "No que diz respeito às aspirações supremas", devemos "nos relacionar unicamente com Deus".

Se compreendermos nesta frase a palavra "supremas" como restritiva quanto ao seu conteúdo, então a frase torna-se auto--evidente: as aspirações supremas só podem ser recebidas pelo Ser supremo. Mas ela não pode ser assim compreendida, como fica claro na outra sentença ("Cada um deve..."). Se juntarmos as duas sentenças, então resulta como pensamento de Kierkegaard que o Indivíduo relaciona-se *essencialmente* (sem "cautela") unicamente com Deus.

Mas desse modo a categoria do Indivíduo, recém-descoberta de uma forma adequada, está sendo funestamente mal compreendida.

Kierkegaard, o cristão preocupado com a "contemporaneidade" com Jesus, contradiz aqui o seu mestre.

À pergunta feita a Jesus de qual o "grande" mandamento que englobe e fundamente todos os outros –, pergunta que não era apenas imaginada para "tentá-lo", mas que era uma polêmica comum e significativa da época –, responde Jesus, unindo os dois mandamentos do *Antigo Testamento*, os quais, melhor que todos os outros, se apresentavam para a escolha da resposta: "Ama a Deus com todo o teu poder" e "Ama teu companheiro como a ti mesmo". Ambos devem, pois, ser "amados", Deus e o "companheiro" (isto é, não o homem em sua generalidade, mas o homem que, vez após vez, me encontra no decorrer da vida), porém de formas diferentes: o companheiro deve ser amado como meu igual (não "como eu me amo a mim mesmo"; em última realidade o homem não se ama a si mesmo; pelo contrário, deve aprender a se amar somente através do amor do companheiro), companheiro a quem devo, portanto, evidenciar amor assim como desejo que o amor me seja evidenciado – mas Deus deve ser amado com toda a minha alma e com toda a minha força. Unindo os dois mandamentos, Jesus traz à luz a verdade do *Antigo Testamento*, segundo a qual Deus e o homem não são rivais. O amor exclusivo a Deus ("com *todo* o teu coração") é, *porque ele é Deus*, um amor inclusivo, pronto a acolher e incluir todo o amor. Não é a si mesmo que Deus cria, não é a si mesmo que ele redime; e mesmo quando ele "se revela", não é a si mesmo que ele revela: sua revelação não o tem por objeto. Ele se limita em toda sua ausência de limites, cria um espaço para os seres – e assim, no amor que lhe é dedicado, cria um espaço para o amor aos seres.

"Para chegar a amar", diz Kierkegaard sobre sua renúncia a Regina Olsen, "tive que remover o objeto". Isto significa entender mal a Deus da forma mais sublime. A criação não é uma barreira no caminho que leva a Deus, ela é este próprio caminho. Somos criados um-com-o-outro e tendo em vista uma existência em comum. As criaturas são colocadas no meu caminho para que eu, criatura como elas, encontre Deus através delas e com elas. Um Deus que fosse alcançável pela exclusão das criaturas não seria o Deus de todos os seres, em que todos os seres se realizam. Um Deus em quem somente se cruzam as vias paralelas de acesso seguidas pelos Indivíduos é mais aparentado com o

"Deus dos filósofos" do que com o "Deus de Abrão, de Isaac e de Jacó". Deus quer que a ele venhamos por meio das Reginas que criou e não por meio da nossa renúncia a elas. Quando removemos o objeto, então — removemos o objeto; sem objeto, simulando ainda apenas o objeto a partir da plenitude do espírito humano e chamando-o de "Deus", este amor habita o vazio.

"Devemos conduzir o assunto de volta ao mosteiro do qual se evadiu Lutero", assim define Kierkegaard a tarefa de sua época. "Mosteiro" pode ser aqui compreendido somente como a proteção institucional do homem contra uma relação essencial — que inclui sua totalidade — com outros a não ser Deus. E certamente para alguém tão protegido torna-se possível a orientação para o ponto chamado Deus com uma precisão que não seria alcançável de outra forma. Mas "Deus", neste caso, só é de fato ainda o ponto final de uma linha de orientação do homem. Ora, para atingir o Deus real não existe linha mais curta do que a linha mais longa de cada homem: a linha que circunda o mundo acessível a este homem. Pois ele, o verdadeiro Deus, é o criador e todos os seres, na sua criação, estão diante dele, um em relação ao outro, tornando-se úteis na sua coexistência para os seus objetivos de criador. Ensinar uma relação acósmica com Deus é não conhecer o criador. A adoração acósmica de um Deus, de quem sabemos com Kierkegaard "que ele quer ser uma pessoa na sua relação contigo" como um ato de sua graça, é marcionismo sem coerência lógica: esta adoração não separa radicalmente o criador do redentor, como deveria fazê-lo se fosse coerente.

Não podemos, entretanto, deixar de considerar o fato de que Kierkegaard não está absolutamente interessado em desacreditar Lutero por este se evadir do mosteiro. Ele trata uma vez o casamento de Lutero como algo despojado de todo caráter próprio à pessoa, de tudo que é relação imediata entre homem e mulher, como uma ação simbólica, um ato que manifesta representativamente a transformação da história espiritual do ocidente; "o mais importante", faz ele Lutero dizer, "é que se torne notório que eu sou casado". Por trás do casamento de Lutero com Catarina aparece agora, entretanto, anônima mas claramente, o não-casamento de Kierkegaard com Regina. "Inversamente poder-se-ia dizer: ... em desafio a todo o século dezenove, eu não posso me casar." Acrescenta-se aqui então, como uma nova perspectiva, a diferença qualitativa entre as épocas históricas. Embora seja em todo caso válido, de acordo com Kierkegaard, para ambas as épocas, que o Indivíduo não deve relacionar-se essencialmente com ninguém a não ser com

Deus e portanto, de acordo com ele, Lutero não fala essencialmente mas apenas simbolicamente com Catarina; apesar de vinculado ao mundo, ele permanece na realidade sem mundo e "sozinho diante de Deus". Mas as ações simbólicas são justamente opostas: por meio de uma, é afirmada a um destes séculos a palavra de um restabelecimento do vínculo com o mundo, mesmo que talvez este vínculo seja, em última análise, sem compromisso; por meio da outra, é afirmada ao outro século a palavra de uma renúncia nova e, em todo caso, rica em compromisso. E por que razão? Porque o século dezenove caiu sob o poder da "multidão" e "a multidão é a não-verdade".

Mas temos agora duas possibilidades. Ou o vínculo com o mundo, pregado por Lutero conforme a própria vida, é para Kierkegaard contudo apenas um vínculo sem compromissos, não "essencial" e não necessário para que sua época seja conduzida a Deus. Mas este seria um Lutero que deixa algo que é livre de compromisso agir como se fosse compromissivo; que tem para os homens um depoimento diferente do que para Deus e que trata o sacramento como se este se realizasse exteriormente a Deus; e seria este um Lutero em cuja ação simbólica não poderia residir autoridade alguma. Ou então o vínculo com o mundo pregado conforme a própria vida por Lutero é para Kierkegaard um vínculo compromissivo, essencial e necessário para conduzir a Deus. Neste caso, a diferença entre as épocas históricas, indubitavelmente uma diferença qualitativa, intrometer-se-ia em algo que é, fundamentalmente, independente da história, ainda mais independente desta do que o nascimento e a morte: a relação do Indivíduo com Deus. A natureza essencial desta relação não pode assumir uma forma naquele século e outra neste; ela não pode num século passar através do mundo e, no outro, passar por cima e além dele. As representações humanas da relação mudam, a verdade da relação é imutável, pois está situada na reciprocidade eterna e não é o homem quem determina como chegar a ela mas é o Criador que, na inequivocidade da sua criação do homem, instituiu o caminho de fazê-lo.

Certamente não é possível falar de Deus em outros termos que não sejam dialéticos, pois ele não está sujeito ao princípio de contradição. Mas existe um limite da dialética onde, embora cessem as afirmações, existe o conhecimento. Quem daqueles que professam o Deus que Kierkegaard e eu professamos poderia supor com entendimento decisivo que Deus quer que se diga Tu de uma forma verdadeira somente a ele e que a todos os outros se diga apenas um Tu não essencial e na realidade sem valor, — quem poderia supor que Deus exige que escolhamos entre ele e sua criação! Faz-se a objeção de que o mundo enquanto mundo decaído não pode ser identificado com a criação. Mas que queda poderia ser tão poderosa que, *para Deus*, separasse violentamente o mundo de sua criação! Isto significaria fazer da ação do mundo uma ação mais poderosa do que a de Deus e uma que se lhe impõe!

Não se pode tratar aqui de ver as coisas como destacadas de Deus e nem como nele absorvidas; pode tratar-se somente de "ver as coisas em Deus", as coisas elas mesmas. Aplicado às nossas relações com os seres: isto significa que, somente quando todas as relações, na sua íntegra, são recebidas no interior da relação única, colocamos o anel do mundo em que vivemos em redor do sol do nosso ser.

Certamente nada é mais difícil e, para ser capaz de fazê-lo, o homem deve, de vez em quando, deixar-se ajudar por um "mosteiro" situado no seio deste mundo. Nossas relações com os seres ameaçam incessantemente de se tornarem encapsuladas. Assim como o próprio mundo conserva o seu caráter de mundo e a sua independência ao tentar fechar-se para Deus, apesar de como criação estar para ele aberto, assim também todo grande vínculo do homem defende-se com vigor para não desembocar constantemente no infinito, embora nele todo homem sinta, precisamente, sua conexão com o infinito. As formas monásticas da vida no mundo, as solidões desta vida, nas quais nos recolhemos como em albergues, ajudam-nos aqui a prevenir o enfraquecimento da comunicação entre os vínculos condicionados e o Único vínculo incondicionado. Esta também, se não quisermos ver extinguir-se a nossa participação no Ente, é uma modificação indispensável; é a sístole da alma para com a diástole; e a solidão precisa conhecer a qualidade do rigor, do monasticismo, para que cumpra sua obra. Mas ela nunca deve querer arrancar-nos dos seres, nunca deve recursar de a eles nos deixar ir: pois aí violaria ela sua própria lei e enclausurar-nos-iá, em vez de nos capacitar, como é sua função, para conservar abertas as portas da finitude.

Kierkegaard não esconde de nós em nenhum momento que sua resistência ao vínculo com o mundo, sua doutrina religiosa de solidão, baseiam-se numa maneira de ser pessoal e num destino pessoal. Confessa que não tem "mais linguagem comum com os homens". Aponta como o mais belo momento da sua vida aquele na casa de banhos, antes de pular na água: "eu nada mais tenho a ver com o mundo". Ele desnuda diante de nossos olhos algumas raízes da sua "melancolia". Sabe exatamente o que o levou a ter relações apenas cautelosas com os outros e a falar de uma forma essencial somente com Deus e consigo mesmo. E contudo, tão logo começa com a linguagem "direta", ele a expressa como um imperativo: *cada um* deve agir assim. Mostra sua própria sombra sem cessar — e quer, por cima dela, saltar. É um homem excluído e abandonado e, certamente, assim somos todos nós, pois assim é o homem como homem; Kierkegaard entretanto foi levado ao limite da exclusão e do abandono e ele só mantém ainda o equilíbrio graças à incrível florescência da sua existência "de escritor", contidamente comunicativa, com as complicadas defesas de todos seus "pseudônimos"; enquanto que nós não estamos no limite e isto não significa nenhum ainda-não e nenhuma espécie de compromisso, nenhum agarrar-se ao lado de cá da melancolia; é a existência orgânica e a graça da preservação e é significativo para o futuro do espírito. Kierkegaard comporta-se para conosco como um esquizofrênico que tenta atrair o Indivíduo amado para "seu" mundo como se este fosse o verdadeiro. Mas este não é o mundo verdadeiro. Nós próprios, que caminhamos num cume estreito, não podemos recuar diante da visão da saliência do rochedo em que ele está de pé, pairando sobre o abismo, e nem nele devemos pisar. Temos muito que aprender com ele, mas não a última lição.

Nossa rejeição pode apoiar-se na própria doutrina de Kierkegaard. Ele indica (1853) "o ético" como "o único meio pelo qual Deus se comunica com 'o homem'". O contexto da doutrina, naturalmente, mantém afastado o perigo de isto compreendermos no sentido de uma absolutização do ético. Mas deve ser assim compreendido que são inadmissíveis não apenas uma ética autárquica mas também uma religião autárquica; que, assim como o ético não pode ser desligado do religioso, o religioso não pode ser desligado do ético, sem que com isto cessemos de fazer justiça à verdade existente. O ético não aparece mais aqui, como no pensamento anterior de Kierkegaard, como um "estágio" do qual um "salto" leva ao religioso, salto com que se chega a um nível completamente diferente e de um sentido diferente; ele é inerente ao fenômeno religioso, à fé e ao servir. Este ético não pode mais significar uma moralidade que pertença ao campo da relatividade, ultrapassada e desvalorizada constantemente pelo religioso, mas significa uma ação e um sofrimento *essenciais* — em relação aos homens — que são submetidos à relação essencial com Deus. Porém somente aquele que se relaciona de uma forma essencial com os homens pode agir e sofrer de uma forma essencial em relação a eles. Se o ético é o único meio pelo qual Deus se comunica com o homem, então a mim é proibido falar essencialmente somente com Deus e comigo mesmo. E assim é de fato. Não digo que isto seja proibido a Kierkegaard na sua ponta de rochedo, sozinho com a misericórdia do misericordioso. Digo somente que isto é proibido a mim e é proibido a ti.

Kierkegaard está profundamente consciente da problemática que surge da expansão negativista da categoria do Indivíduo. Ele escreve no seu *Diário*, e nós o lemos com o mesmo medo e tremor com que ele escreveu: "O terrível é que justamente a mais alta forma da piedade – abandonar as coisas terrestres – pode ser o mais alto egoísmo". Evidentemente, faz-se aqui ainda uma distinção de acordo com os motivos, e o conceito de egoísmo aqui usado é um conceito de motivação. Se colocarmos em seu lugar um conceito objetivo, um conceito que diz respeito a uma situação, a sentença transformar-se-á numa mais terrível ainda: "aquilo que se nos apresenta como a forma suprema de piedade – abandonar tudo que é terrestre – é justamente o supremo egoísmo".

É verdade que o Indivíduo "corresponde" a Deus? Atualiza a "imagem" de Deus somente por ter-se tornado um Indivíduo? Falta ainda alguma coisa para que assim seja, – a coisa decisiva.

"Certamente", diz Kierkegaard, "Deus não é egoísta, mas ele é o Ego infinito". Contudo, isto é dizer pouco do Deus por nós professado – se de todo nos atrevermos a fazer qualquer afirmação. Ele paira sobre sua criação não como sobre um caos, ele a abraça. Ele é o Eu infinito, que transforma todo Isto em seu Tu.

O Indivíduo corresponde a Deus quando, de um modo humano, abraça a porção do mundo que lhe é oferecida, assim como Deus abraça, de um modo divino, a sua criação. Ele atualiza a imagem quando, na medida do possível, ao seu modo próprio de pessoa, diz Tu com seu ser aos seres que vivem em seu redor.

Ninguém pode refutar Kierkegaard como o faz o próprio Kierkegaard. Argumentando consigo mesmo, julgando-se, corrige-se das profundezas seu próprio espírito, às vezes antes deste ter pronunciado sua palavra. Em 1843 Kierkegaard registra em seu *Diário* a indelével confissão: "Se eu tivesse tido fé, teria permanecido com Regina". Com isto ele quer dizer: Se eu *tivesse* realmente acreditado que "para Deus, tudo é possível" e que lhe é portanto também possível resolver minha melancolia, minha fraqueza, meu medo, meu sentimento de alienação, marcado pelo destino, para com a mulher e com o mundo, então eu teria permanecido com Regina. Mas querendo isto dizer, diz ainda algo diferente: que o Indivíduo — se ele realmente acredita, e isto significa: se ele é realmente o Indivíduo (Indivíduo que ele se tornou, como vimos, para a única relação de fé) — pode e é-lhe permitido travar uma relação essencial com um outro. Mas por trás disto desponta o extremo: que aquele que pode e para quem é permitido também deve fazê-lo. "O único meio pelo qual Deus se comunica com o homem é o ético." O ético, entretanto, na sua verdade não falsificada, significa: ajudar Deus, amando sua criação em suas criaturas, amandoas em direção a ele. Para isto, sem dúvida, é preciso deixar-se ajudar por ele.

"O Indivíduo é a categoria pela qual, do ponto de vista religioso, devem passar o tempo, a história, a geração." Que é isto, ponto de vista religioso? Um ponto de vista entre outros pontos de vista? A nossa visão de Deus, adquirida por termos desviado o olhar de todo o resto? Deus, um objeto ao lado de outros objetos, o eleito ao lado dos rejeitados? Deus, como o rival bem-sucedido de Regina? É este ainda Deus? Não é este apenas um objeto adaptado à genialidade religiosa? (Bem entendido, não falo da santidade verdadeira, para a qual, já que ela santifica *tudo*, não exite um "ponto de vista religioso".) Da genialidade religiosa? Podem existir gênios religiosos? Não é esta uma *contradictio in adjecto?* Pode o religioso ser uma especificação? Os "gênios religiosos" são gênios teológicos. Seu Deus é o Deus dos teólogos. É verdade que este não é o Deus dos filósofos, mas também não é o Deus de Abrão, de Isaac e de Jacó. O Deus dos teólogos também é um Deus logicizado; também o é o Deus de uma teologia que só quer falar dialeticamente e que se coloca acima do princípio de contradição. Enquanto praticam teologia, não conseguem libertar-se da religião como uma especificação. Quando Pascal, numa hora vulcânica, fez aquela balbuciante distinção entre Deus e Deus, ele não era um gênio, mas um homem que experienciava o ardor primitivo da fé; em outras ocasiões, entretanto, era um gênio teológico e permanecia na religião especificadora da qual o arrebatara o acontecimento daquela hora.

A religião como especificação erra o seu alvo. Deus não é um objeto ao lado de outros objetos e por isso não pode ser alcançado pela renúncia aos objetos. É verdade que Deus não é o universo, mas muito menos verdade ainda é que ele seja o Ser menos o universo. Não o encontraremos pela subtração e não o amaremos pela redução.

3. O INDIVÍDUO E A COISA PÚBLICA

O pensamento de Kierkegaard gira em torno do fato dele ter renunciado essencialmente a uma relação essencial com uma determinada pessoa. Ele não o fez casualmente ou na relatividade das múltiplas experiências e decisões da vida, ou mesmo resignando-se meramente com a alma, mas o fez de uma forma essencial. A essencialidade, a essencialidade propriamente positiva de sua renúncia, é o que ele quer expressar ao dizer: "Em desafio a todo o século dezenove, eu não posso me casar". A renúncia torna-se essencial pelo fato dela representar no concreto da biografia a renúncia a uma relação essencial com o mundo que estorva o estar-se sozinho diante de Deus; e isto, como já foi dito, não se dá numa só vez, como quando alguém entra para um mosteiro e com isto se desliga do mundo e, desde então, vive fora deste na qualidade de quem dele se desligou, mas num concreto particularmente duradouro; a renúncia torna-se o ponto de referência de um sistema espiritual de coordenadas, no qual cada ponto recebe seu valor posicional em relação a este ponto de referência. É assim justamente que este sistema recebe seu caráter propriamente existencial, por meio do qual ele deu o impulso para uma nova filosofia e uma nova teologia. E certamente pertence a este concreto da biografia, secularmente significativo, a motivação da renúncia — estranhamente múltipla e no entanto indubitavelmente legítima, encontrada, peça por peça, nas sondagens da interioridade — que Kierkegaard expressa direta e indiretamente, insinuando e dissimulando. Mas além disto, numa observação mais precisa, é possível notar que existe uma conexão secreta e inarticulada, importante para Kierkegaard e para nós, entre de um lado a renúncia e do outro uma opinião e uma atitude cada vez mais fortes, finalmente expressas com clareza penetrante em "Anexos" à *Meldung*.

"A multidão é a não-verdade." "Esta forma de considerar a vida, o Indivíduo, é a verdade." "Ninguém está excluído da possibilidade de se tornar um Indivíduo, com exceção daquele que se exclui a si mesmo ao se tornar multidão." E ainda: " 'O Indivíduo' é a categoria do espírito — do despertar e do revivificar espirituais — tão oposta quanto possível à política." O Indivíduo e a multidão, o "espírito" e a "política" — esta oposição não poderia ser separada daquela em que Kierkegaard se coloca face ao mundo, manifestando-a simbolicamente por meio da sua renúncia.

Kierkegaard não se casa "em desafio ao século dezenove". O que ele designa por século dezenove é a "época da dissolução", a época da qual diz que um só homem não pode "nem ajudá-la, nem salvá-la", da qual ele pode "somente expressar que ela está sucumbindo", — que ela sucumbirá, se ela não vier a Deus através do "desfiladeiro". E Kierkegaard não se casa, num simbólico ato de negação, em desafio a esta época, que é a época da "multidão" e a época da "política". Lutero casa-se num ato simbólico, porque queria retirar o homem crente da sua época de um rígido isolamento religioso — que, em última instância o isolou da própria graça — para conduzi-lo a uma vida com Deus no mundo. Kierkegaard não se casa (naturalmente, isto não pertence à motivação subjetiva múltipla mas é a significação objetiva do símbolo), porque ele quer conduzir o homem descrente da sua época, emaranhado na multidão, a tornar-se

102

um Indivíduo, a uma vida de fé solitária, a um estar sozinho diante de Deus. Certamente, casar-se ou não se casar é a questão típica quando se trata do "mosteiro". Se, como pensa Kierkegaard, o Indivíduo deve ser realmente um homem que não se relaciona essencialmente com os outros, então o casamento o estorva se ele o leva a sério – e, se ele não o levar a sério, então é incompreensível, apesar da observação de Kierkegaard a respeito de Lutero, como este Indivíduo pode, enquanto ser existente, ser a "verdade". Para o homem – que, no fundo, constitui a única preocupação de Kierkegaard – há ainda um fator adicional que, ao seu ver, a mulher permanece, "bem diferentemente do homem", em "um contato perigoso com a finitude". Mas acrescenta-se a isto ainda um assunto especial, que convém agora deixar claro.

Quando de certa forma consideramos em sua totalidade a estrutura labiríntica do pensamento kierkegaardiano sobre a renúncia, reconhecemos que não se fala aqui apenas de uma renúncia à vida com uma pessoa, renúncia difícil, dificilmente conquistada, adquirida com o sangue do coração mas, além desta, da renúncia valorizada pelo pensador de uma forma totalmente positiva, renúncia à vida – condicionada pela vida com uma pessoa – com um ser impessoal que, no primeiro plano do acontecimento, é denominado "gente" e, no fundo, "multidão". Entretanto, este ser na sua essencialidade – da qual Kierkegaard nada sabe ou nada quer saber – recusa estas designações como caricaturais e reconhece como seu nome verdadeiro apenas o de uma *res publica,* de uma coisa pública. Quando Kierkegaard diz que a categoria do "Indivíduo" é "tão oposta quanto possível à política", ele se refere obviamente a um mecanismo que não tem mais conexão essencial com a sua origem, com a *polis;* mas este mecanismo, ainda que degenerado, é uma das decisões e manifestações da coisa pública. Toda degeneração indica o seu gênero e de uma tal forma que ela nunca se relaciona com o gênero de uma maneira simples como o presente com o passado mas como, num rosto desfigurado, a deformação se relaciona com a forma que por baixo dela subsiste. A coisa pública, que é também às vezes cognominada "o mundo", a saber, o mundo humano, busca realizar nas suas formações genuínas, consciente ou inconscientemente, nos moldes da criação, o voltar-se-um-ao-outro dos homens; as formações falsas deformam, mas elas não podem eliminar a origem eterna. Kierkegaard, na sua aversão à deformação, dá-lhes as costas; mas o homem que não cessou de amar o mundo humano em toda sua degradação vê, hoje ainda, a forma genuína. Suponhamos que a multidão seja a não-verdade: ela é apenas um dos estados da coisa pública; de que maneira *aqui* a verdade se comporta para com a não-verdade, eis no que deverá tocar a verdadeira questão que se coloca ao Indivíduo, questão para a qual aquela advertência a respeito da multidão só pode ser um prólogo.

A partir daqui é possível esclarecer aquele assunto especial que, como falei, vem se acrescentar para Kierkegaard aos outros embaraços causados pelo casamento. O casamento, compreendido como essencial, leva a pessoa a uma relação essencial com o "mundo"; mais exatamente: com a coisa pública, com a sua deformação e sua verdadeira forma, com a sua desgraça e com a sua salvação. O casamento, como o vínculo decisivo entre um ser humano e outro, leva a pessoa ao confronto com a coisa pública e seu destino; não é mais possível ao homem desviar-se deste confronto no casamento, nesta ele só pode ainda provar-se ou fracassar. A pessoa isolada, não casada ou cujo casamento é apenas fictício, pode conservar-se no isolamento; a "comunidade" do casamento é uma parte da grande comunidade, inserida, com sua problemática própria, na problemática geral, vinculada, com sua esperança de salvação, à esperança do grande ser que, na sua condição mais miserável, é chamado de multidão. Aquele que "entrou num casamento", que penetrou um casamento, compenetrou-se seriamente, na intenção do sacramento, do fato que o outro *é:* do fato que não posso participar de forma legítima daquilo que é sem participar do ser do outro; do fato que não posso responder à palavra que Deus me dirige no decorrer de toda a minha vida sem responder também pelo outro; do fato que não posso responder por mim, sem responder também pelo outro enquanto alguém que me foi confiado. Assim, no entanto, o homem entrou decisivamente na relação com a alteridade; e a estrutura básica da alteridade — freqüentemente ameaçadora mas nunca completamente destituída de santidade ou da possibilidade de santificação, na qual estamos inseridos eu e os outros que me encontram em minha vida — é a coisa pública. É para ela, para dentro dela, que o casamento quer nos levar. O próprio Kierkegaard faz uma vez com que um dos seus pseudônimos, o "marido" dos *"Stadien"*, expresse isto, porém no estilo de uma opinião inferior, que é destinada a ser superada por uma mais alta; mas ela só é uma opinião inferior quando trivializada, não existe outra mais alta, porque elevando-nos acima da situação em que estamos colocados nunca, na verdade, produziremos uma opinião que seja mais alta. O casamento é o vínculo exemplar, ele nos leva, como nenhum outro, para a grande vinculação e é somente enquanto seres vinculados que podemos alcançar a liberdade dos filhos de Deus. Sob o ponto de vista do homem: sim, a mulher está "num relacionamento perigoso com a finitude" e sim, a finitude é o perigo, pois nada constitui para nós maior ameaça do que a ela ficarmos presos; mas é justamente a este perigo que está soldada a nossa esperança de salvação, já que somente através da realização da finitude é que os nossos caminhos humanos conduzem ao infinito.

Este ser humano é outro, essencialmente outro do que eu; e é esta sua alteridade que eu tenho em mente, porque é ele que tenho em mente; eu a confirmo, eu quero que ele seja outro do que eu, porque eu quero seu modo de ser específico. Este é o princípio básico do casamento e a partir deste princípio, se for realmente um casamento, ele leva ao entendimento do direito e da legitimidade da alteridade e com isto àquele reconhecimento vital da alteridade multiface — mesmo na contradição e no conflito com ela — do qual as relações com a coisa pública recebem seu *Ethos* religioso. Que os homens com os quais estou inserido conjuntamente na coisa pública e com os quais nela tenho a ver direta ou indiretamente sejam essencialmente outros do que eu, que este ou aquele não tenha apenas um outro modo de sentir, um outro modo de pensar, uma outra convicção e uma outra atitude, mas também uma outra percepção do mundo, um outro conhecimento, uma outra sensitividade, um outro modo de ser tocado pelo Ser; dizer sim a tudo isto, dizer sim de um modo próprio à criatura, em meio de duras situações de conflito, sem enfraquecer a seriedade da sua realidade: é isto que nos permite oficiar como auxiliares neste amplo campo que também a nós foi confiado e que é o único onde nos é permitido de quando em quando tocar, em nossas dúvidas, com humildade e investigação honesta, a "verdade" ou "nãoverdade", a "fidelidade" ou "infidelidade", a "justiça" ou "injustiça" do outro. Mas a isto leva-nos com um poder quase insubstituível o casamento se ele é real, pela sua experiência uniforme da substância vital do outro enquanto outro e mais ainda pelas suas crises e pela superação destas que se eleva das últimas profundezas orgânicas: quando o monstro da alteridade — que ainda há pouco em nós soprava o seu gélido hálito demoníaco e que agora se liberta graças ao ressuscitar da nossa afirmação do outro, que conhece e destrói qualquer negação – transforma-se no poderoso anjo de união com o qual sonhávamos no útero materno.

Há, sem dúvida, entre a coisa privada à qual pertence o casamento e a coisa pública uma diferença genérica: a *identificação* realiza-se, ali e aqui, de uma forma qualitativamente diferente. A coisa privada é precisamente aquela com que o homem – pelo menos nas épocas saudáveis desta – pode identificar-se em toda a concretude, não obstante as diferenças individuais, tais como as de natureza e de espírito, como por exemplo entre os membros de uma família; ele pode identificar-se dizendo, em toda concretude, Nós, mesmo Eu, quando se refere a esta sua família ou a este seu grupo (o grupo genuíno está, deste ponto de vista, do lado da coisa privada e de outros, do lado da coisa pública). E com isto ele tem em mente não apenas a totalidade, mas também as pessoas singulares reconhecidas e confirmadas por ele no seu modo de ser específico; por outro lado, a identificação com a coisa pública não pode realmente englobar as pessoas concretas de uma forma concreta. Talvez eu diga Nós ao falar do meu povo e isto pode elevar-se até atingir o elementar "Isto sou Eu"; mas tão logo se junte a isto a concreção, a atenção às pessoas que constituem o povo, abre-se uma fenda e o conhecimento da intransponível alteridade múltipla penetra a identificação como um largo córrego. Se coisa semelhante se desse no domínio da coisa privada, ele tornar-se-ia questionável em si ou passaria a fazer parte da coisa pública; para a relação com a coisa pública, cada uma destas experiências pode ser uma prova e uma consolidação.

Em duas atitudes básicas, entretanto, a identificação com a coisa pública defende-se da concreção, da atenção dirigida a pessoas e afirma-se de uma maneira transitória ou duradoura; muito diferentes entre si, todavia, elas exercem freqüentemente uma ação quase igual. Uma deriva do ato de entusiasmo das horas "históricas": a multidão atualiza-se, entra em ação e nela se transfigura e a pessoa, dominada pelo êxtase embriagador, mergulha no movimento da coisa pública. Não existe aqui conhecimento que se contraponha à alteridade das outras pessoas ou que a tolha: a transfiguração da multidão ofusca toda alteridade e o ardente impulso de identificação pode produzir um real sentimento de "família" para com o desconhecido que acompanha o cortejo dos manifestantes ou que se precipita nos nossos braços no entusiástico tumulto da rua. A outra atitude básica é passiva e constante; é a costumeira "adesão" à opinião pública e à pública "tomada de posição". Aqui a multidão permanece latente, ela não aparece sob a forma de uma multidão, ela somente exerce sua ação; e, como se sabe, isto acontece de tal forma que ou eu sou totalmente desobrigado de formar uma opinião ou tomar uma decisão ou então estou, de certa forma, convicto, numa camada turva da minha interioridade, da invalidade do meu opinar e do meu decidir e, no lugar destes, sou equipado com um decidir e um opinar reconhecidamente válidos. Os outros aqui eu nem percebo, já que sua sorte é a mesma que a minha e sua alteridade foi redescoberta de uma camada de verniz.

Destas duas atitudes básicas a primeira é de tal espécie que ela nos arrebata extasiados para além da confrontação com a grande figura da alteridade na coisa pública, a mais difícil das tarefas intramundanas, levando-nos para o histórico paraíso das multidões; a segunda solapa o terreno onde deve se dar a confrontação, ela apaga os emocionantes signos da alteridade e convence-nos então explicitamente que a uniformidade é a coisa certa.

A partir daqui torna-se compreensível a confusão feita por Kierkegaard entre a coisa pública e a multidão. Certamente também ele conhece a coisa pública sob a forma de Estado, que é para ele, no entanto, apenas um fato estranho à transcendência no mundo da relatividade, um fato respeitável, mas sem significação para a relação religiosa do Indivíduo; e depois, ele conhece uma multidão que não é respeitável mas que tem uma significação fortemente negativa, dizendo respeito à transcendência, mas sob a forma de um compacto satanismo.

A esta confusão, que traz conseqüências cada vez mais graves para o pensamento da nossa época, devemos contrapor a força do discernimento.

O homem na multidão é uma lasca de madeira comprimida num feixe que se move na água, entregue à correnteza ou empurrado da margem por uma vara nesta ou naquela direção. Mesmo que para a lasca este movimento pareça às vezes como sendo-lhe próprio, ele não o é; e também o feixe em que ela flutua tem deste movimento autônomo apenas uma ilusão. Não sei se Kierkegaard tem razão quando diz que a multidão é a não-verdade — eu preferiria designá-la como a ausência de verdade, pois ela (diferindo de alguns dos seus senhores) não está absolutamente no mesmo plano que a verdade, ela não lhe é absolutamente oposta. Mas ela é certamente a não-liberdade.

107

Em que a não-liberdade consiste não· é possível experienciar adequadamente sob a pressão de uma fatalidade – trate-se da coerção de uma necessidade ou 'de uma coerção humana – pois resta-nos ainda aí a rebelião do que há de mais íntimo no nosso coração e o apelo tácito ao mistério da eternidade; somente é possível experienciá-lo adequadamente quando se está enfeixado na multidão, pensando o que ela pensa, querendo o que ela quer, e só ainda percebendo embrutecidos que é esta a condição em que estamos.

Bem diferente é o caso do homem que vive com a coisa pública. Para ele, não se trata de um enfeixamento mas sim de uma vinculação. Ele está vinculado às coisas públicas, com ela comprometido, casado, partilhando portanto do sofrimento do seu destino, ou melhor: sofrendo este destino com ela, sempre disposto e pronto para sofrê-lo, mas não se entregando cegamente a nenhum dos movimentos da coisa pública, confrontando-os, pelo contrário, atenta e preocupadamente, para que não percam seu cunho de verdade e de lealdade. Ele vê forças dando o impulso e vê as mãos todo-poderosas de Deus, nas alturas, contendo-se imóveis, a fim de que os mortais aqui embaixo possam decidir por si próprios. Em toda a sua fraqueza, ele se sabe colocado ao serviço da decisão. Se é a multidão, a multidão alheia à decisão, a multidão contrária à decisão, que o cerca fervilhante, não a aceita: em qualquer lugar que esteja, elevado ou insignificante, com as forças que possui, poder condensado ou palavra que se perde, ele faz o que pode para que a multidão deixe de ser multidão. A alteridade envolve-o, a alteridade com a qual está comprometido; mas ele a acolhe em sua vida somente na forma *do* outro, cada vez do outro, do outro que o encontra, do outro procurado, do outro tomado à multidão, do "companheiro". Mesmo quando ele precisa falar à multidão, procura a pessoa, porque é somente através das pessoas, das pessoas postas à prova, que o povo pode encontrar e reencontrar sua verdade. *Este* é o Indivíduo, que "transforma a multidão em Indivíduos" – como poderia ser alguém que permanece afastado da multidão! Não pode ser aquele que se reserva, somente aquele que se dá; que se dá, mas que não se entrega. É uma obra paradoxal aquela na qual ele empenha sua alma, fazer com que a multidão deixe de ser multidão; é retirar o homem da multidão e conduzi-lo ao caminho da criação, que leva ao Reino. E se não for bem-sucedido, tem tempo, tem o próprio tempo de Deus. Pois o homem que ama ao mesmo tempo Deus e o companheiro – embora permaneça em toda a fragilidade de ser humano – recebe Deus por companheiro.

"O Indivíduo" não é aquele que se relaciona essencialmente com Deus e somente inessencialmente com os outros, que trata incondicionalmente com Deus e condicionalmente com a coisa pública. Mas o Indivíduo é o homem para quem a realidade da relação com Deus, relação exclusiva, inclui e abarca a possibilidade de relação com toda a alteridade e para quem a totalidade da coisa pública, celeiro da alteridade, oferece suficiente alteridade para com isto passar a vida.

4. O INDIVÍDUO NA RESPONSABILIDADE

A categoria do Indivíduo transformou-se. Não é possível que a relação da pessoa humana com Deus seja estabelecida pela omissão do mundo; o Indivíduo deve, portanto, levar o seu mundo, o que do mundo de vital lhe é oferecido e confiado, sem redução, para a devoção de sua vida e deixar este mundo participar integralmente da essencialidade desta sua devoção. Não é possível que o Indivíduo encontre as mãos de Deus quando estende suas mãos para ele por cima e para além da criação; ele deve circundar com seus braços este triste mundo, cujo verdadeiro nome é criação; só então é que seus dedos alcançam o reino do relâmpago e da graça. Não é possível que o espírito de redução reine também na relação de fé: o Indivíduo que vive na sua relação de fé precisa querer que esta se realize nas dimensões irreduzidas da sua vida vivida. Ele deve enfrentar com firmeza a hora que dele se aproxima, a hora biográfica e histórica, assim como ela é, com todo o seu conteúdo do mundo, com toda a sua contradição que parece um contra-senso, sem que nela ele enfraqueça o peso da alteridade. A mensagem que lhe é transmitida por esta hora, quando esta situação se apresenta, ele deve ouvi-la sem embelezá-la ou enobrecê-la; nem deve traduzir para si sua selvagem e áspera profanidade para a casta religiosidade; deve reconhecer que a pergunta que lhe é dirigida, que se esconde na linguagem da situação – quer soe ela agora como sons angélicos ou demoníacos – continua sendo a pergunta de Deus a ele dirigida, naturalmente sem que com isto os demônios se transformem em anjos. Esta é uma pergunta milagrosamente entoada num tom selvagem e áspero; e ele, o Indivíduo, deve responder, responder com sua ação e sua omissão, aceitar a hora, a hora do mundo, a hora do mundo inteiro, como hora que se tornou sua, que lhe foi confiada e pela qual deve responder. A redução é proibida, não te é permitido escolher aquilo que te convém, a hora cruel está, toda ela, em jogo, toda ela clama por ti, tu deves responder – a Ele.

Ouvir a palavra que te é dirigida, por mais desafinado que seja o som com que ela fira o teu ouvido, – e não deixar ninguém interferir! Dar a resposta vinda das tuas profundezas, onde vibra ainda um sopro daquilo que te foi insuflado, – e a ninguém é permitido te influenciar!

Este arquimandamento, que é o motivo pelo qual as *Escrituras* fazem com que seu Deus já *fale* desde a criação do mundo, determina também de uma nova forma, quando obedecido, a relação do Indivíduo com sua comunidade.

A pessoa humana, queira ela admiti-lo e levá-lo a sério ou não, pertence à comunidade dentro da qual nasceu ou onde passou a viver por acaso. Entretanto, todo aquele que reconheceu o que significa o destino, mesmo quando este se assemelha a um exílio, e que reconheceu o que significa estar colocado em algum lugar, mesmo quando parece estar deslocado, este homem sabe que deve admiti-lo e levá-lo a sério. Mas então, precisamente então, percebe ele que pertencer verdadeiramente a uma comunidade encerra a experiência do *limite* deste pertencer, experiência esta que é multiplamente mutável e nunca pode ser definitivamente formulada. Se o Indivíduo percebe fielmente a palavra da hora histórico-biográfica, se ele capta a situação do seu povo, a sua própria situação, como um signo e uma exigência que lhe são feitos, se ele não poupa a si mesmo e nem a sua comunidade diante de Deus, então ele experiencia o limite. Ele o experiencia com tanta dor como se lhe cravassem na alma o marco do limite. O Indivíduo, o homem que vive de uma forma responsável, pode também realizar suas ações políticas – e as omissões são naturalmente também ações – somente a partir daquela profundidade da sua existência na qual quer penetrar a reivindicação do Deus temível e benévolo, do Senhor da história e nosso Senhor.

É evidente que, para o homem que vive na comunidade, o solo da decisão essencial da pessoa é constantemente ameaçado pelo fato das assim chamadas decisões coletivas. Eu vos lembro a advertência de Kierkegaard:

A multidão outorga ou uma ausência total de arrependimento e uma total irresponsabilidade ou ela enfraquece em todo caso a responsabilidade do Indivíduo, reduzindo-a ao tamanho de um fragmento.

Mas isto deve ser colocado de uma maneira diferente: *in praxi*, no momento da execução, trata-se somente da aparência de um fragmento, mas em seguida, quando depois de meia-noite, és carregado em sonho de vigília paira diante do Trono e és assaltado pela vocação à existência de Indivíduo que negligenciaste, então é a responsabilidade total que ressurge.

É preciso certamente acrescentar que, habitualmente, a comunidade a que a pessoa pertence não expressa de uma maneira uniforme e inequívoca o que ela considera como certo ou não numa dada situação. Ela se desmembra em grupos mais ou menos visíveis, que nos fornecem interpretações extremamente diferentes do destino e da tarefa, mas que reivindicam todas de uma forma igual a autenticidade incondicional. Cada grupo sabe o que é útil para a comunidade, cada um exige que para o bem da comunidade tu participes sem reservas do seu saber.

Por decisão política compreende-se hoje, em geral, a adesão a um grupo destes. Se a adesão se consumou, então tudo está definitivamente em ordem, o tempo do decidir-se está terminado. Daqui por diante não é preciso fazer outra coisa a não ser participar dos movimentos do grupo. Nunca mais nos encontramos numa encruzilhada, nunca mais temos de escolher dentre as atitudes possíveis a atitude certa, tudo já está decidido. O que acreditávamos antes: que é preciso responder sempre de novo, situação após situação, pela escolha que fizemos, disto

113

estamos livres agora. O grupo aliviou-nos da nossa responsabilidade política. Dentro dele, sentimos que ele responde por nós.

A atitude que acaba de ser descrita, quando acontece ao homem de fé (é só dele que aqui quero falar), significa para ele, quando ela lhe acontece, sua queda do alto desta fé – sem que ele esteja disposto a confessá-lo a si mesmo ou admiti-lo. Significa sua queda efetiva do alto da fé, por mais sonora e enfaticamente que ele continue a proclamá-la não só com os lábios mas também com a alma, que com seus gritos se sobrepõe à realidade mais íntima. Quando a relação da fé com o Ente Único não é todo-englobante, ela é pervertida, tornando-se aparência e auto-engano. A "religião" pode concordar em ser um compartimento da vida entre outros, que como tal são independentes e autônomos – com isto ela já perverteu a relação da fé. Subtrair qualquer domínio fundamentalmente desta relação, do poder da sua determinação, é querer subtraí-lo ao poder de determinação de Deus que reina sobre a relação da fé. Prescrever à relação da fé que: "Até aí e não mais adiante podes determinar o que eu devo fazer, aqui termina teu poder e começa o do grupo ao qual pertenço" significa dirigir-se a Deus precisamente da mesma maneira. Aquele que não permite que a sua relação de fé se realize nas medidas não reduzidas da vida em que vive, tanto quanto é capaz de fazê-lo nas diferentes ocasiões, atreve-se a restringir a realização do domínio de Deus sobre o mundo.

A relação de fé certamente não é um livro de preceitos que pode ser consultado segundo as circunstâncias para saber o que se deve fazer em determinada hora. Eu descubro o que Deus exige de mim para esta hora, se é que o descubro, não antes do que *em* esta hora. Mas mesmo então não me é dado descobri-la a não ser respondendo diante de Deus por esta hora como sendo *minha* hora, responsabilizando-me por ela em sua direção tanto quanto eu puder. Aquilo que de mim agora se aproximou, o imprevisto, o imprevisível, é palavra dele, palavra que não se encontra em nenhum dicionário, palavra que agora tornou-se palavra – e o que ela exige de mim é a minha resposta a ele dirigida. Eu formulo minha resposta ao realizar, entre as ações possíveis, aquela que parece ao meu entendimento devotado ser a ação certa. Com a minha escolha, decisão e ação – fazer ou não-fazer, intervir ou perseverar – eu respondo à palavra, ainda que insuficientemente, mas com legitimidade; eu respondo pela minha hora. Meu grupo não pode me aliviar desta responsabilidade, eu não devo permitir que dela ele me alivie; se eu o fizer, estarei pervertendo a minha relação de fé, estarei cortando do domínio do poder de Deus o domínio do meu grupo. Mas não é como se este último não me preocupasse em minha decisão – ele me preocupa enormemente; pois em minha decisão eu não me abstraio do mundo, olho para ele e para o seu interior e é neste mundo, ao qual devo fazer justiça em minha decisão, que me é permitido ver em primeiro lugar o meu grupo, à cuja salvação estou ligado; talvez seja antes de tudo a este grupo que eu deva fazer justiça. Entretanto não como uma coisa em si, mas fazer-lhe justiça diante de Deus; e nenhum programa, nenhuma decisão tática, nenhuma ordem pode me dizer como eu, ao decidir, devo fazer justiça ao meu grupo diante de Deus. Pode ser que me seja permitido servi-lo da maneira como tinham prescrito o programa, a decisão, a ordem; pode ser que eu deva servi-lo de uma forma diferente; poderia mesmo ser – se no ato da minha decisão algo de tão inaudito se abrisse a mim – que eu me colocasse numa oposição cruel ao seu sucesso, pois eu teria me tornado intimamente ciente de que Deus o ama de uma forma diferente, que não é a deste sucesso. Somente uma coisa importa; que eu seja todo ouvidos à situação tal qual ela se oferece para mim, isto é, à manifestação da palavra a mim dirigida, até as profundezas onde o ouvir se confunde com o Ser, e que eu ouça o que deve ser ouvido e que a isto responda. E aquele que me sugerir uma resposta de tal forma que estorve o meu ouvir é um estorvador, quem quer que ele seja.

Não temos aqui de modo algum em mente que o homem deva, sozinho e desaconselhado, buscar a resposta no seu próprio seio. Não temos nada disto em mente: como poderia a orientação daqueles que dirigem o meu grupo deixar de entrar essencialmente na substância de que é fundida a decisão? Mas a orientação não deve substituir a decisão; nenhuma substituição é aceita. Aquele que tem um mestre pode entregar-"se" a ele, pode entregar-lhe sua pessoa física, mas não sua responsabilidade. Para esta, precisa empreender o caminho ele mesmo, armado com todo o senso de dever forjado no grupo, mas exposto ao destino, assim que no momento da exigência toda a sua armadura caia. Ele pode mesmo agarrar-se com toda sua força ao "interesse" do grupo, – até que, talvez, no último confronto com a realidade, toque nele um dedo, apenas perceptível, mas que nunca deve ser desprezado. Este certamente não é o "dedo de Deus", o qual não temos o direito de esperar, e portanto não é permitida a menor segurança que estejamos certos em nossa decisão, a não ser do ponto de vista pessoal. Deus oferece-me a

115

situação à qual eu devo responder; não me cabe esperar que ele me ofereça uma parte da minha resposta; certamente na minha resposta eu estou sob sua graça, mas nela não posso medir a participação superior e mesmo o mais bem-aventurado sentimento de graça pode enganar. O dedo de que falo é simplesmente o dedo da "consciência", mas não da consciência rotineira, utilizável, utilizada e gasta, da consciência do jogo da superfície, com cujo descrédito pensava-se ter eliminado a efetividade de uma resposta positiva do homem; eu aponto para a consciência desconhecida, a consciência da profundidade, que incessantemente necessita ser redescoberta, a consciência da "pequena faísca", pois a faísca genuína é também atuante na harmoniosa calma de toda decisão genuína. A certeza produzida por esta consciência é naturalmente apenas uma certeza pessoal; é a certeza incerta; mas aquilo que *aqui* é chamado de pessoa é precisamente a pessoa a quem é dirigida a palavra e que responde.

Eu digo, portanto, que o Indivíduo, isto é, o homem que vive de uma forma responsável, só pode executar adequadamente suas decisões políticas também, em cada caso, a partir daquela profundidade da sua existência na qual se conscientiza intimamente do acontecimento enquanto palavra de Deus a ele dirigida; e que, permitindo a seu grupo que estrangule nele esta consciência da profundidade, estará recusando a Deus uma resposta atual.

Aquilo de que falo nada tem de comum com "individualismo". Não considero o indivíduo nem como o ponto de partida nem como a meta do mundo humano. Mas considero a pessoa humana como o lugar central não deslocável da luta entre o movimento do mundo que afasta de Deus e o movimento do mundo em direção a Deus. Esta luta é travada hoje num espaço ameaçadoramente grande no âmbito da vida pública, naturalmente não entre grupo e grupo, porém dentro de cada um deles. Contudo, as lutas decisivas deste âmbito também são travadas nas profundezas, no fundo ou no abismo sem fundo da pessoa.

Nossa geração tende a esquivar-se de um exigente "sempre-de-novo", próprio a um dever de responsabilidade, fugindo para um protetor uma-vez-por-todas. À intoxicação pela liberdade da geração precedente seguiu-se a paixão desta geração pelos grilhões, à infidelidade da embriaguez seguiu-se a infidelidade da histeria. Fiel ao Ente Único é somente quem se sabe vinculado ao seu próprio lugar — e livre, precisamente neste lugar, para sua própria responsabilidade. É somente de homens assim vinculados e livres que pode ainda surgir uma configuração que merece ser verdadeiramente chamada de comunidade. Mesmo hoje em dia, se o homem de fé aderir a qualquer coisa apresentada por um grupo, pode ele ter razão em juntar-se a este grupo; mas, passando a pertencer a ele, deve este homem permanecer fiel com toda a sua vida, conseqüentemente também com sua vida de grupo, ao Único que é seu Senhor.

Assim sua decisão responsável será ocasionalmente oposta a uma eventual decisão tática do grupo; ocasionalmente isto o moverá a levar a luta pela verdade, a verdade humana, a verdade incertamente certa e que lhe é fornecida pela sua profunda consciência ao seu próprio grupo e com isto construir ou fortalecer neste uma frente interior. Esta frente pode – pois, se em todos os lugares for firme e forte, poderá passar através de todos os grupos como uma unidade secreta – tornar-se mais importante para o futuro do nosso mundo do que todas as frentes que se alastram hoje entre um grupo e outro, entre uma e outra associação de grupos.

Aquilo que é correto em cada caso não será conhecido por nenhum dos grupos hoje existentes a não ser que os homens a eles pertencentes empenhem a própria alma para sabê-lo e, por mais amargo que seja, revelem-no em seguida aos seus companheiros, – poupando, se for possível, de uma maneira cruel, se for necessário. Neste banho de fogo o grupo mergulha vez após vez ou então se consome numa morte interior.

E se alguém ainda perguntar se temos certeza de encontrar aquilo que é correto nesta trilha íngrime: mais uma vez, a resposta é não, não existe certeza. Há apenas uma chance; e não há outra além desta. O risco não nos garante a verdade; e ele, somente ele, nos conduz ao espaço onde o seu hálito se faz sentir.

5. TENTATIVAS DE DISSOCIAÇÃO

Contra a posição do Indivíduo na responsabilidade aqui esboçada, deverá levantar-se aquela opinião poderosa dos nossos tempos, pela qual em última instância só são reais os fatos ditos objetivos, ou mais exatamente os fatos que dizem respeito à coletividade, enquanto que é atribuída às pessoas uma significação somente de realizadores ou instrumentos desta. Na verdade, a categoria meramente religiosa de Kierkegaard pode permanecer indiferente a esta opinião; para ele somente a pessoa é essencial, o fato objetivo tem apenas uma existência secundária ou — como multidão — é o elemento negativo a ser evitado. Se contudo o Indivíduo, precisamente enquanto tal, tiver uma relação essencial com o mundo, mesmo com o mundo em particular, com a coisa pública, mas não no intuito de, conscientemente

e com fé professada com ênfase, permitir doravante que dele
disponham, porém responsabilizando-se por aquilo de que ele
participa diante de Deus, então aquela opinião deve opor-se a
ele e querer refutá-lo uma vez por todas. Ela pode empreender
isto com razões que encontra numa determinada corrente do
pensamento da nossa época, de conformidade com ela e aparentemente por ela legitimada. É uma corrente cujos representantes, com todas as suas múltiplas diferenças, têm, antes de mais
nada, um objeto de agressão comum, — seja ele designado de
liberalismo ou de individualismo ou de qualquer outro *slogan*
que nos aprouver. (Negligencia-se aqui habitualmente — e é
compreensível acontecer freqüentemente em casos dessa espécie
— empreender no "ismo" agredido uma análise conceitual e
separar o que se tem em mente daquilo que não se tem, portanto o que vale a pena ser combatido daquilo que não deve ser
molestado. Se por acaso uma tal análise fosse aplicada ao
"liberalismo", surgiriam noções singulares de tendências várias,
diante das quais poderíamos adotar uma posição de clareza e
inequivocidade bem diferentes, como por exemplo: o libertinis-
mo, como o mesquinho modo de pensar de quem foi libertado,
que somente sabe tudo que é ou deveria ser permitido a ele,
ao "homem"; mas de outro lado teríamos o liberismo, como o
modo de pensar do homem que nasceu livre, para quem a liberdade é a pressuposição do vínculo, da verdadeira aceitação
pessoal do vínculo, nem mais nem menos, — um modo de pensar, portanto, digno de ser preservado na cidadela que guarda
o tesouro do espírito e digno de ser com ela defendido por todo
aquele que sabe o que é o espírito.) Mas o mais importante é
que os representantes desta corrente têm também um propósito
comum ou ao menos uma atuação comum: eles conferem ao
setor político uma autonomia exagerada, eles destacam a vida
pública de todos os outros setores da vida, eles a subtraem da
responsabilidade do Indivíduo que dela participa.

Para indicar como poderíamos replicar a tais argumentos
do ponto de vista da categoria transformada do Indivíduo,
consideremos dois exemplos da corrente do pensamento em
questão, um relativo à filosofia do Estado e o outro à teologia
do Estado.

Façamo-los, no entanto, preceder de um terceiro exemplo,
menos importante mas também instrutivo, um exemplo histo-
riosófico.

120

Oswald Spengler quer provar o domínio específico da política como independente e inacessível à "Ética", classificando o homem entre os animais ferozes. Mesmo se este não for mais o caso dos indivíduos domados, entre os grupos as coisas se dão sempre necessária e significativamente de uma forma igual à que acontece nos bandos de animais ferozes. Aqui, na sua existência dentro do grupo, o homem teria permanecido um animal feroz não enfraquecido e o Indivíduo deve guardar-se de aplicar parâmetros estranhos a este domínio.

Esta tese é a banalização de uma teoria nietzschiana. Nietzsche acreditava que o importante é que a potência na história se declare abertamente; se isto for reprimido, então segue-se a degeneração. Com isto Nietzsche permanece numa *pressuposição*. A coisa importante é que a potência na história se declare como um dos parceiros do processo dialógico, no qual mesmo a atividade mais forte pode significar um esquivar-se da resposta, a recusa de uma reposta.

A tese de Nietzsche fala a linguagem da história; a de Spengler, a linguagem da biologia. Toda tentativa de compreender biologicamente a ação humana é uma banalização (embora não se deva esquecer a existência biológica ao explicar o homem), é uma má simplificação, porque ele é uma renúncia à existência própria antropológica, portanto uma renúncia àquilo que, na realidade, constitui propriamente a categoria do *homem*.

Os animais ferozes não têm história. Uma pantera pode até ter uma biografia, uma colônia de térmites pode talvez ter até uma crônica do Estado, mas história, no seu sentido grande, distintivo do termo, que nos permite falar da história humana como da "história do mundo", esta história eles não têm. Pela ação das presas ferozes não se consegue uma história. O homem adquiriu uma história assumindo fundamentalmente algo que deveria parecer sem sentido e grotesco ao animal feroz: a responsabilidade; e assim procedendo, consentiu tornar-se uma pessoa relacionada com a verdade. Mas tornou-se desta forma impossível compreender o homem somente do ponto de vista biológico.

"História" não é a sucessão das conquistas do poder e dos atos do poder, mas é o encadeamento das responsabilidades do poder no decorrer do tempo.

A tese do animal feroz significa portanto uma negação da essencialidade humana e uma falsificação da história humana. É verdade que "os grandes animais ferozes são criaturas *nobres* da espécie mais perfeita", como alega Spengler em defesa desta tese, mas isto não prova nada; o que importa é que o homem, dentro da *sua* espécie, determinada pela sua evolução *e* sua história, torne-se tão "nobre criatura" como os animais na deles, – e isto quer dizer: que ele realize aquela "liberdade dos filhos de Deus", em cuja direção, nas palavras de Paulo, toda criatura "estende a cabeça".

Deve ser contemplada de maneira mais séria a definição conceitual daquilo que é o político, que nos é oferecida por um renomado professor católico de direito público, Carl Schmitt. Aquilo que é o político tem, conforme ele, seu próprio critério, não deduzível do critério de algum outro domínio. É a distinção entre amigo e inimigo que, conforme Schmitt, corresponde "aos critérios relativamente independentes de outras oposições: bem e mal no domínio da moral, belo e feio no domínio estético, etc." Ao conceito de inimigo pertence contudo a eventualidade de uma luta real, que encerra a "possibilidade de matar fisicamente"; e é desta possibilidade que "a vida do homem" adquire "sua tensão especificamente *política*".

A "possibilidade de matar fisicamente" – na realidade deveria dizer-se: a intenção de matar fisicamente. Pois a tese de Schmitt transpõe uma situação da vida particular, a clássica situação do duelo, à vida pública. Esta situação surge quando dois homens consideram um conflito existente entre eles como absoluto, conflito para o qual, portanto, só pode ser encontrada uma solução na destruição de um pelo outro: não existe reconciliação, nem mediação, nem reparação suficiente; a mão que desfecha o golpe não pode ser outra a não ser a do adversário; mas esta *é* a solução. Todo duelo clássico é um "julgamento de Deus" disfarçado; em cada um deles persiste a crença de que homens possam instituir um julgamento de Deus. É isto que, transposto à relação dos povos entre si, Schmitt denomina o especificamente político.

Mas a tese repousa num erro de método. O princípio essencial de um domínio, o princípio que o constitui como tal, não pode ser deduzido da *instabilidade* das estruturas deste domínio, mas somente do caráter duradouro destas estruturas. A fórmula amigo-inimigo origina-se na esfera dos abalos das estruturas políticas, não na esfera da coerência destas. A distinção radical a que Schmitt se refere aparece sempre em épocas em que a comunidade está ameaçada, não em épocas em que esta experiencia sua estabilidade como coisa evidente e garantida. A distinção não é, portanto, adequada para fornecer o princípio daquilo que é o político.

122

Entretanto, a fórmula nem chega mesmo a englobar toda a instabilidade de uma estrutura política. Esta instabilidade tem sempre um caráter ambivalente: uma instabilidade exterior, que se manifesta pela pressão exercida na fronteira pelo vizinho ou o agressor que se tornou vizinho; e uma interior, manifestada pelo rebelde. Schmitt chama este último de "inimigo interior", mas por este motivo desconhece uma diferença fundamental entre as duas espécies de instabilidade. O inimigo não tem interesse na preservação da estrutura, mas o rebelde o tem; ele quer "modificá-la": é precisamente *ela* que ele quer modificar. Só o primeiro é suficientemente radical para justificar a seriedade da fórmula. A fórmula amigo-inimigo só compreende, portanto, um lado da instabilidade e não pode ser estendida para abranger o outro.

As oposições "bem e mal no domínio moral, belo e feio no estético", junto com as quais Schmitt coloca a oposição amigo--inimigo, distinguem-se dela por uma intenção *normativa*, isto é: somente quando o bem e a beleza se constituem num conteúdo significativo essencial é que tem sentido definir o mal e a feiúra. "Amigo e inimigo", contudo, não designa um conceito normativo da essência, mas somente um conceito de situação, relativo a uma atitude.

Parece-me, aliás, que por trás dos habituais pares conceituais de oposições bem-e-mal e belo-e-feio há outros, em que o conceito negativo se liga intimamente ao positivo, como a carência é ligada à plenitude, o caos ao seu cosmos: atrás do bem e do mal enquanto critérios do domínio ético estão os critérios de direção e da ausência de direção; atrás do belo e do feio enquanto critérios do estético estão os da forma e da ausência de forma. Para o domínio do político não há um par de conceitos no primeiro plano, evidentemente porque é mais difícil ou impossível tornar nele independente o pólo negativo; eu gostaria de denominar os conceitos do segundo plano de ordem e ausência de ordem, mas o conceito de ordem deve ser libertado da depreciação que ocasionalmente lhe é atribuída: a verdadeira ordem significa direção e forma no domínio político. Mas não se pode permitir que estes dois conceitos se petrifiquem; sua verdade provém somente da concepção de uma homogênea *dinâmica da ordem*, que é o princípio real daquilo que é o político. A verdadeira história de uma comunidade deve ser compreendida como seu esforço para atingir a ordem que lhe é conveniente. Este esforço, esta luta pela realização da ordem verdadeira − luta entre idéias, planos, esboços da ordem verdadeira tão diferentes, mas também uma luta comum a todos eles, luta inconsciente, inexprimível – constitui a dinâmica da ordem da estrutura política. Como resultado luta-se sempre de novo por uma ordem e uma ordem é sempre de novo instaurada. Ela se torna firme e abrangente, se fortalece também contra a resistência da dinâmica que restou, se enrijece e morre interiormente, desligando-se completamente da dinâmica que a instaurou e contudo preserva a sua força para a luta que ressurge por uma ordem verdadeira. O inimigo ameaça toda a dinâmica da ordem da comunidade; o rebelde ameaça somente a ordem como ela é num dado momento. Toda ordem, quando examinada do ponto de vista da dinâmica total, é questionável. Esta é a dupla essência do Estado: a estrutura política sempre em realização e sempre posta em questão. Os "pontos culminantes da política concreta" não são, como pensa Schmitt, "ao mesmo tempo os momentos em que o inimigo é percebido", mas são os momentos nos quais uma ordem, em face da responsabilidade mais grave do Indivíduo que com ela se confronta, prova a legitimidade da sua estabilidade, prova seu caráter – ainda que necessariamente relativo – de realização.

De acordo com Schmitt, todas as teorias políticas "genuínas" pressupõem que o homem seja "mau". (Aliás, por que supõem isto as teorias que o fazem? Já que do ponto de vista de Schmitt a teoria política é apenas um setor da política prática, teríamos que responder de acordo com ele: porque isto parece politicamente conveniente aos seus autores.) É verdade que ele esclarece este "mau" como "de maneira alguma não problemático" e "perigoso" – duas características que eu também considero que o homem possua –, mas ele se apóia para fundamentar a exatidão da sua pressuposição na doutrina teológica da pecabilidade *absoluta* do homem. Ele encontrou um poderoso aliado teológico em Friedrich Gogarten.

Gogarten explica em sua obra *Politische Ethik* que todos os problemas éticos receberam sua relevância ética somente do problema político, isto é, o ético é válido enquanto tal somente graças à sua conexão com o ser político do homem. Com esta proposição abandona-se completamente a categoria de Indivíduo de Kierkegaard. Gogarten pensa provavelmente combater apenas o individualismo, mas ele combate ao mesmo tempo a posição da vida pessoal no rigor da sua total responsabilidade. Se os problemas éticos recebem sua relevância do domínio político, eles não podem recebê-la também do domínio religioso, mesmo que o político tenha um fundamento religioso. Mas, se os problemas éticos não recebem sua relevância do campo religioso, então temos novamente no interior da vida do homem "religioso", ainda que numa forma politizada, a ética desvinculada que Kierkegaard nos ajudou a superar. Gogarten pode falar com a ênfase que quiser em termos teológicos, ele estreita, contudo, a relação fundamental do Indivíduo, a relação do Indivíduo com Deus, quando faz com que seu agir – e que mais são os "problemas éticos" do que questões do homem a respeito do seu próprio agir e o sentido deste! – receba sua validez de um lugar diferente, seja mesmo do destino considerado em si mesmo da comunidade à qual o Indivíduo pertence. Se é verdade que o Indivíduo não pode conquistar a legitimidade da sua relação com Deus sem uma relação legítima com a coisa pública, afinal de contas é também verdade que não é à coisa pública mas é ao Indivíduo somente que cabe a força determinante, isto é: que eu devo deixar que Deus trace sempre, no interior da minha relação com a minha comunidade, o limite entre a participação e a não-participação. Dizeis muitas vezes não perceber nada? Pois bem, nós devemos escutar com um esforço sem reservas do nosso ser. Se mesmo aí nada percebermos, então, e somente então, podemos nos voltar para a direção que nos é indicada por Gogarten. Mas se nós não escutarmos desta maneira ou se ouvirmos mas não obedecermos, então a nossa omissão e não a nossa referência a qualquer relação entre os problemas éticos e políticos é que permanecerá na eternidade.

De acordo com Gogarten, o homem é "radicalmente e portanto irrevogavelmente mau, isto é, sucumbido sob o poder do mal". A relevância daquilo que é o político provém do fato que "somente no campo político" é que o homem tem "a possibilidade de existir face a este reconhecimento". "A qualidade ética" do Estado "reside no fato de que, graças ao seu poder soberano, pelo direito que tem sobre a vida e a propriedade dos seus súditos, ele se opõe ao mal sob o qual sucumbiram os homens". (Aliás: uma versão teológica do antigo conceito de Estado policial.) Pois "donde pode provir o poder soberano do Estado, senão do reconhecimento do sucumbir do homem sob o poder do mal...?"

O conceito utilizado por Gogarten do homem radicalmente mau e da sua pecabilidade absoluta é extraído do domínio em que o homem se confronta com Deus e é somente aí que este conceito tem uma significação. No meu saber e entendimento, o que ensina a teologia cristã, em nome da qual fala Gogarten, é que o homem, ou mais exatamente este homem sucumbido, considerado do ponto de vista de sua não-redenção, é "diante de Deus" *(coram Deo)* um pecador e um corrompido. Não vejo como a não-redenção pode ser arrancada do vínculo dialético que mantém com a redenção *(ab his malis liberemur et servemur)* e usada separadamente; não vejo tampouco como o conceito da maldade pode ser transferido do domínio do estar "diante de Deus" para o domínio do estar diante de autoridades terrenas e no entanto conservar toda a sua radicalidade. Face a Deus é possível atribuir ao homem o caráter de ser radicalmente mau porque Deus é Deus e homem é homem e a distância entre eles é uma distância absoluta e porque é precisamente nesta distância e em virtude dela que se efetua a ação redentora de Deus. Face aos seus semelhantes, a grupos de homens e ordens de homens, não é possível — assim me parece — designar legitimamente o homem como simplesmente pecador, pois falta a distância, que é a única capaz de fundamentar a incondicionalidade. Nada disto se modifica quando se considera uma ordem de homens como instituída e autorizada por Deus. Pois em nenhum caso empresta-se com isto a uma ordem de homens aquela distância absoluta em relação ao homem que confere a incondicionalidade (mas que simultaneamente abre o espaço da redenção), possibilidade única de conceber que o homem também seja radicalmente mau face à coisa pública. O conceito de pecabilidade humana não pode, portanto, ser explorado politicamente de uma forma legítima e nem mesmo na teoria política.

Entretanto, de acordo com o meu entendimento, o homem certamente não é de forma alguma "radicalmente" isto ou aquilo.

Não é uma radicalidade que caracteriza o homem como profundamente destacado de tudo o que é apenas-animal, mas é a sua potencialidade. Se o colocarmos sozinho diante da totalidade da natureza, aparece então encarnado nele o caráter de possibilidade da existência natural, caráter que até então pairava em volta da densa realidade apenas como uma névoa. O homem é a potencialidade estorvada pelos fatos. A plenitude de possibilidade da existência, da qual o animal é conservado à distância pela exigüidade da sua realidade, manifesta-se no homem num signo incompreensível do ponto de vista da natureza; esta plenitude, entretanto, não reina tão livremente para que a vida possa seguir, em cada caso, impetuosamente, as antecipações do espírito; ela é limitada. A limitação não é essencial, ela é apenas fatal. Isto significa que a ação do homem é imprevisível quanto à sua natureza e extensão e que, mesmo que para todo o resto esteja na periferia do cosmos, ele permanece o centro de surpresa do universo. Ele é entretanto a surpresa algemada, livre apenas no seu interior; e suas algemas são sólidas.

O homem não é bom, o homem não é mau, ele é, no sentido eminente, bom-e-mau. O bem-e-o-mal, quem dele come o conhece, como o conhece quem comeu daquele fruto. É esta a sua limitação, é este o gracejo da serpente: o homem devia tornar-se semelhante a Deus, conhecendo o bem e o mal, mas aquilo que ele "reconheceu", aquilo com o que se misturou, e então reconheceu como mistura, é o bem-e-o-mal; ele tornou-se bom-e-mau, esta é a nudez na qual ele se reconhece. Mas a limitação é apenas fatal, ela não muda a sua essência, nem destrói a obra de Deus. Atribuir à serpente o poder de destruição é elevá-la ao papel de rival de Deus, rival que lhe é superior inicialmente (como durante um tempo Ahriman a Ormuzd), pois perverte a sua criação. Mas não é esta a serpente das *Escrituras*. Ela não é um anti-Deus, é somente a criatura que quer corromper o homem por ele próprio. É a criatura "astuciosa", a astúcia da criatura secretamente venenosa, que trama a desordem; e da desordem nasce a história que, tateando, experimentando, errando, esforça-se pela ordem de Deus. O evento original, mostrado pelas imagens das *Escrituras*, não se coloca sob o princípio da contradição: *a* e *não-a* relacionam-se aqui um com o outro de uma forma estranha.

O bem e o mal não podem então ser aqui um par de oposições como direita e esquerda, como acima e abaixo. "Bem" é o movimento que tende para a direção da volta ao lar, "mal" é o tumulto sem direção da força da potencialidade humana, força sem a qual nada se consegue e pela qual, se ela não aceita a direção e se entrega à confusão, tudo fracassa. E mesmo se o bem e o mal fossem eles próprios dois pólos, então seria cego o homem que assim não os visse, mas mais cego ainda seria o homem que não percebesse o relâmpago que lampeja de um pólo ao outro, a conjunção "E".

Enquanto estado de alma individual, o mal é o esquivar-se convulsivo da direção, o esquivar-se da total direção da alma, que se eleva em ordenadas que determinam no espaço a responsabilidade pessoal diante de Deus. O esquivar-se pode se dar pela paixão ou pela indolência. O homem passional se esquiva com sua paixão, o indolente, com sua indolência. Nos dois casos, o homem se desorienta e perde-se dentro de si mesmo. Os verdadeiros fatos demoníacos históricos são as explorações deste esquivar-se pelos poderes da história.

Mas a direção, a única, a direção da hora orientada para Deus, que se transforma sempre na sua concretização, o Estado *enquanto tal* não pode indicar. Só o Indivíduo que permanece nas profundezas da responsabilidade pode fazê-lo. E naturalmente um homem de Estado pode também ser este Indivíduo.

Gogarten coloca *o* Estado no lugar deste ou daquele Estado da História, isto é, deste ou daquele governo efetivo, que justamente não pode impedir o "mal" enquanto Estado impessoal, mas que só pode fazê-lo a partir da sua própria responsabilidade pessoal; que está também, contudo, ele próprio sujeito à dinâmica existente entre o bem e o mal. O Estado é a forma visível de autoridade e para Gogarten a autoridade é simplesmente aquilo que é estabelecido, que é hierárquico; o poder é poder pleno. Mas quando se leva a sério o estabelecimento do poder, quando ele é levado a sério teológica e biblicamente, este estabelecimento transforma-se em uma incumbência precisa e o poder revela-se como o grande dever de responsabilidade. Nas histórias sobre os reis de Israel e nas histórias sobre os soberanos estrangeiros o *Antigo Testamento* sabe relatar a degeneração da legitimidade em ilegitimidade e do poder pleno em poder antagônico. Nenhum conceito filosófico do Estado, assim como também nenhum conceito teológico de Estado conduz para além da realidade da fé da pessoa humana e — seja ele escravo ou imperador — não conduz o homem para além da sua responsabilidade pela coisa pública face a Deus.

6. A QUESTÃO

Na crise do homem que experienciamos hoje em dia duas coisas são postas em questão: a pessoa e a verdade.

O ato da responsabilidade nos fornece a conexão entre ambas. Para que ela, a resposta responsável, esteja presente, é necessária a realidade da pessoa atingida pela palavra no acontecimento, reivindicando-a; e é necessária a realidade da verdade, para a qual a pessoa caminha com a unidade do seu ser e que justamente por causa disto ela almeja receber na palavra, não numa generalidade, mas na especificidade que diz respeito a ela própria.

A questão em que são colocadas hoje a pessoa e a verdade é a questão dirigida ao Indivíduo.

A pessoa é posta em questão pelo fato de ser coletivizada.

Esta coletivização da pessoa liga-se, na história espiritual, a um empreendimento fundamentalmente diferente, do qual eu também participei e de que devo aqui portanto fazer a minha profissão de fé. Trata-se daquela luta das últimas décadas contra o conceito idealista do Eu autocrata, do Eu que engloba o universo, que o sustém e que o cria. Nesta luta teve-se em vista — entre outras coisas — os negligenciados vínculos da pessoa humana concreta enquanto criatura. Mostrou-se como é fundamentalmente importante o pensador saber também, a cada um dos momentos que constituem o pensamento, que ele está ligado a um setor do espaço, a uma hora histórica, ao gênero humano, a um povo, a uma família, a uma sociedade, a um grupo profissional, a um grupo que compartilha das suas convicções, por vínculos que variam quanto ao grau da sua substancialidade, mas que nunca são puramente funcionais. Este entrelaçamento dentro de um Nós múltiplo, quando efetivamente conhecido, protege contra a tentação de um pensamento de caráter soberano; o homem encontra-se na estreita situação de criatura; mas ele é colocado na situação de reconhecer que é esta sua amplitude genuína, pois este vínculo é uma aliança.

Aconteceu, entretanto, que uma tendência de uma origem e natureza essencialmente diferentes apoderou-se das novas opiniões e, por exagero e perversão, transformou a percepção do vínculo numa doutrina de sujeição. A prioridade é concedida aqui a uma coletividade; esta recebe o direito de conservar a pessoa de tal maneira a ela vinculada que a esta pessoa nem mais cabe a plena responsabilidade. O coletivo torna-se aquilo que é verdadeiramente existente, a pessoa, o elemento derivado; em todos os domínios que a unem à totalidade ela deve ser eximida da resposta pessoal.

Fica com isto ameaçado um valor inestimável, precisamente aquele que constitui o homem. No diálogo dos tempos, que a Divindade mantém com a humanidade, o coletivo não pode tomar o lugar da pessoa. A percepção humana se ausenta, a resposta humana se cala, quando a pessoa não está mais aí presente para ouvir e para falar. Uma redução à privacidade é irrealizável: é somente dentro das medidas não reduzidas da vida vivida, portanto somente com a inclusão da participação na coisa pública, que pode ser ouvida a reivindicação e pronunciada a réplica.

A verdade, no entanto, é posta em questão pelo fato de ser politizada.

A doutrina sociológica da época exerceu uma relativização plena de conseqüências sobre o conceito da verdade quando demonstrou a ligação entre o pensamento e o ser, ao indicar que os processos intelectuais dependem dos processos sociais. Esta relativização era justificada, pois ela vinculava a "verdade" de um homem à realidade que o determinava; mas sua justificação converteu-se no seu oposto quando seus autores deixaram de traçar uma linha divisória fundamental entre o que pode o que não pode ser compreendido a partir desta determinação, isto é, deixaram de captar na sua *total* realidade a pessoa que se empenha e que luta pela verdade. Se partirmos do Indivíduo desejoso de conhecer enquanto ser total, com a integralidade do seu ser, então verificamos que a força do seu anseio pela verdade pode, em pontos decisivos, explodir os laços "ideológicos" do seu modo de ser social. O homem que pensa "existencialmente", isto é, o homem que, em seu pensamento, arrisca sua vida, traz ao seu real relacionamento com a verdade não apenas seus condicionamentos mas também a incondicionalidade da sua busca que os transcende, a incondicionalidade da sua ação, do indomável anseio pela verdade que arrasta para si todo o poder probatório da pessoa. Naturalmente não poderemos fazer, naquilo que repetidas vezes ele encontra como verdade resultante, uma distinção entre o que é derivável do fator social e o que não é; mas constitui um dever indispensável afirmar o que não é derivável como um conceito-limite e apontar assim para o que acontece entre o inderivável na pessoa cognoscente e o inderivável no objeto do seu conhecimento como para um horizonte inatingível da diferenciação científica sociológica. Este dever foi negligenciado. Conseqüentemente, a teoria política dos coletivismos modernos pôde apoderar-se facilmente do princípio que estava disponível e proclamar aquilo que correspondia aos interesses vitais (verdadeiros ou imaginários) de um grupo como sua verdade legítima e inapelável. Diante desta última não cabia mais ao Indivíduo reivindicação alguma a uma verdade por ele reconhecida e a ser por ele comprovada.

Iniciou-se assim a desintegração da fé humana em uma verdade que nunca pode ser possuída mas que pode ser compreendida dentro de uma real relação existencial; iniciou-se assim a paralisação do empenho do homem pela verdade.

"Aquilo de que falo", diz Kierkegaard, "é algo simples e ingênuo: a verdade só existe para o Indivíduo quando ele próprio a produz na ação". Mais precisamente: o homem encontra a verdade de uma forma verdadeira somente quando ele passa pela sua prova. A verdade humana está aqui vinculada à responsabilidade da pessoa.

"É verdadeiro", diz Stirner, "aquilo que é Meu". A verdade humana está aqui vinculada à irresponsabilidade da pessoa. Os coletivismos traduzem-no para a linguagem do grupo: "Verdadeiro é o que é Nosso".

Mas, para que o homem não chegue a se perder, são necessárias pessoas que não sejam coletivizadas e uma verdade que não seja politizada.

São necessárias pessoas, não apenas "representantes" em qualquer sentido, eleitas ou designadas, que eximam os representados da responsabilidade, mas são também necessários os "representados", que não se deixem representar somente no que diz respeito à responsabilidade. É necessária a pessoa enquanto fundamento a que não se pode renunciar, que foi e que será a única possibilidade do início de um colóquio entre o finito e o infinito.

É necessária a fé do homem na verdade como algo independente dele, algo que ele não pode possuir, mas com o qual ele pode travar uma relação real de vida; a fé das pessoas humanas na verdade como aquilo que as mantêm todas juntas, inacessível em si, mas que se abre ao homem que se empenha pela verdade no fato da responsabilidade pronta a ser posta em prova.

É necessário, para que o homem não chegue a se perder, que a pessoa responda pela verdade na sua situação histórica. É necessário o Indivíduo que enfrente todo o Ser que lhe é presente e portanto enfrente também a coisa pública; e que responda por todo o Ser que lhe é presente, portanto também pela coisa pública.

Uma verdadeira comunidade e uma verdadeira vida comunitária só se realizarão na medida em que se tornarem reais os Indivíduos em cuja existência responsável se renova a coisa pública.

132

ELEMENTOS DO INTER-HUMANO

1. O SOCIAL E O INTER-HUMANO

Costuma-se situar o que acontece entre os homens no terreno do "social"; atenua-se com isto uma linha de separação de importância fundamental entre dois domínios essencialmente diferentes do universo humano. Eu próprio cometi o mesmo erro quando, há cerca de cinqüenta anos, comecei a me familiarizar, de uma forma independente, com a ciência da sociedade, utilizando-me do então ainda desconhecido conceito de inter-humano[1]. Desde então, tornou-se cada vez mais claro para mim que

---

1. Cf. meu Prefácio à 1ª edição de *Das Proletariat* de Sombart (vol. I da Coleção *Die Gesellschaft* por mim editada em 1905).

temos aqui diante de nós uma categoria particular da nossa existência e, se nos for permitido usar figurativamente um termo técnico matemático, uma dimensão particular da nossa existência, uma dimensão que nos é tão familiar que até agora não nos tornamos realmente conscientes da sua particularidade. E no entanto o entendimento desta particularidade é da maior significação não somente para o nosso pensamento, mas também para nossa vida.

Podemos falar de fenômenos sociais sempre que a coexistência de uma multiplicidade de homens, o vínculo que os une um-ao-outro, tem como conseqüência experiências e reações em comum. Mas este vínculo significa apenas que todas as existências individuais são delimitadas por uma existência de grupo e nela contidas; ele não significa que entre um e outro membro do grupo exista qualquer espécie de relação pessoal. Certamente eles se sentem como pertencendo um-ao-outro de uma forma específica, que, por assim dizer, é fundamentalmente diferente de qualquer forma de pertencer um-ao-outro na conexão com alguém exterior ao grupo; e certamente resultam sempre, especialmente na vida de grupos menores, contatos que favoreçam com freqüência o surgimento de relações individuais mas que, de outro lado, muitas vezes as dificultam. Entretanto, em nenhum caso o pertencer a um grupo implica por si só uma relação essencial entre um membro do grupo e o outro. É verdade que existiam na história grupos que comportavam mesmo relações altamente intensas e íntimas entre pares de seus membros — por exemplo relações homoeróticas, como entre os samurais japoneses e entre os guerreiros dórios — relações que eram favorecidas no interesse de uma coesão mais rigorosa do grupo; pode-se, entretanto, dizer em geral que as lideranças dos grupos, sobretudo em épocas mais tardias da história humana, tendem antes a afastar o elemento de relações pessoais em proveito do elemento puramente coletivo. Onde este último reina exclusivamente ou pelo menos predomina, o homem sente-se carregado pela coletividade, que o liberta da solidão, do seu medo diante do cosmos, da sensação de estar perdido; e nesta função essencial para o homem moderno, o inter-humano, a vida entre pessoa e pessoa, parece retrair-se cada vez mais diante do coletivo. O um-com-o-outro coletivo preocupa-se em conter dentro de limites a tendência da pessoa para o um-em-direção-ao-outro. É como se os homens vinculados num grupo só devessem juntos estar voltados para a obra do grupo e, somente em encontros de valor secundário, devessem dedicar-se aos parceiros pessoais tolerados pelo grupo.

136

A diferença entre os dois domínios tornou-se muito palpável para mim numa ocasião, quando me juntei, numa cidade grande, a uma passeata em prol de um movimento ao qual eu não pertencia; fiz isto por interesse pelo destino de um amigo, um dos líderes daquele movimento, destino cujo desenvolvimento trágico eu pressentia. Enquanto se formava o cortejo, fiquei conversando com meu amigo e um outro homem, "homem selvagem", de bom coração, mas que também já trazia sobre si a marca da morte. Neste momento eu ainda sentia os dois como se estivessem realmente face a face comigo, sentia cada um como meu próximo, próximo mesmo àquilo que me era mais remoto; tão outro do que eu, que minha alma se chocava, cada vez, dolorosamente contra esta alteridade, mas que, precisamente por esta alteridade, me confrontava autenticamente com o Ser. Então as formações puseram-se em marcha e, pouco depois, eu já não estava mais em nenhum confronto, só fazia parte do cortejo, acompanhando o passo sem destino e, evidentemente, o mesmo acontecia de uma forma idêntica com os dois com quem, há pouco, eu trocara a palavra humana. Algum tempo depois, passamos em frente de um café onde eu estivera sentado no dia anterior com um músico a quem conhecia superficialmente. No mesmo instante abriu-se a porta; o músico estava no limiar, viu-me — aparentemente só a mim viu — e para mim acenou. Imediatamente tive a sensação de que fora retirado do cortejo e da presença dos amigos que comigo marchavam e que fora colocado lá, face a face com o músico. Eu não sabia que continuava a marchar no mesmo ritmo, me experienciava como estando do outro lado, respondendo silenciosamente com um sorriso de compreensão àquele que me chamava. Quando retomei a consciência dos fatos, o cortejo, à testa do qual estavam meus companheiros e eu, já tinha deixado o café atrás de si.

Naturalmente, o domínio do inter-humano estende-se muito além do domínio da simpatia. Incidentes muito simples podem já pertencer a ele como quando, num bonde superlotado, dois desconhecidos trocam olhares atentos para, em seguida, afundar novamente na conveniência do não-querer-saber-nada--um-do-outro. Mas deve também contar-se como pertencente a este domínio todo encontro entre adversários, por casual que seja, quando ele influi no comportamento mútuo, isto é, quando algo se realiza entre os adversários, por mais imperceptível que seja, não importando naquela hora se é carregado de sentimento ou não. A única coisa importante é que, para cada um dos dois homens, o outro aconteça como este outro determinado; que ca-

137

da um dos dois se torne consciente do outro de tal forma que precisamente por isso assuma para com ele um comportamento, que não o considere e não o trate como seu objeto mas como seu parceiro num acontecimento da vida, mesmo que seja apenas uma luta de boxe. É este o fator decisivo: o não-ser-objeto. Como se sabe, alguns existencialistas afirmam que o fato básico entre os homens é que um seja um objeto para o outro; mas enquanto as coisas se dão desta forma, a realidade característica do inter-humano, o mistério do contato, já está fortemente eliminada. Mas ela certamente não pode ser eliminada totalmente. Tomemos como um exemplo crasso o caso de dois homens que se observam mutuamente: o essencial do acontecimento não é que um faça do outro seu objeto, mas o fato que ele não consegue fazê-lo completamente e a razão do seu insucesso. Nós temos em comum com todas as coisas o poder tornar-se objeto de observação; mas eu, pela ação oculta do meu ser, posso opor uma barreira intransponível à objetivação: este é o privilégio do homem. É somente entre parceiros que este privilégio pode ser percebido, percebido como um todo existente.

Pode-se objetar, do ponto de vista sociológico, à distinção por mim estabelecida entre o social e o inter-humano com base em que a sociedade se constrói precisamente sobre relações humanas e que a doutrina proveniente destas relações deve ser, portanto, considerada na realidade como o fundamento da sociologia. Mas revela-se aqui uma ambigüidade no conceito de "relação". Falamos por exemplo de uma relação de camaradagem de trabalho entre dois homens e, de maneira alguma, temos apenas em mente o que acontece entre eles enquanto camaradas, mas também uma atitude duradoura que se atualiza naqueles acontecimentos, mas que também inclui fenômenos psíquicos individuais, tais como a recordação do camarada ausente. Entretanto, por esfera do inter-humano entendo apenas os acontecimentos atuais entre homens, dêem-se em mutualidade ou sejam de tal natureza que, completando-se, possam atingir diretamente a mutualidade; pois a participação dos dois parceiros é, por princípio, indispensável. A esfera do inter-humano é aquele do face a face, do um-ao-outro; é o seu desdobramento que chamamos de dialógico.

De acordo com isto, é também fundamentalmente errado querer compreender os fenômenos inter-humanos como fenômenos psíquicos. Quando por exemplo dois homens conversam entre si, então pertence a esta situação, de uma forma eminente, o que acontece na alma de cada um deles, o que acontece quando ele escuta e o que acontece quando ele próprio se dispõe a falar. Contudo, isto é somente o acompanhamento secreto da própria conversação, de um acontecimento fonético carregado de sentido, cujo sentido não se encontra nem em um dos parceiros, nem nos dois em conjunto, mas encontra-se somente neste encarnado jogo entre os dois, neste seu Entre.

2. SER E PARECER

A verdadeira problemática no âmbito do inter-humano é a dualidade do ser e do parecer.

É um fato conhecido por todos que os homens se preocupam freqüente e insistentemente com a impressão que causam nos outros; mas este fato tem sido até agora discutido mais do ponto de vista da filosofia moral do que da antropologia. E, no entanto, oferece-se aqui à observação antropológica um dos seus objetos mais importantes.

Nós podemos distinguir duas espécies de existência humana. Uma delas pode ser designada como a vida a partir do ser, a vida determinada por aquilo que se é; a outra, como a vida a partir da imagem, uma vida determinada pelo que se quer parecer. Em geral, estas duas espécies apresentam-se sob a forma de uma mistura; deve ter havido poucos homens inteiramente independentes da impressão que causavam nos outros, mas provavelmente será difícil encontrar alguém que se guie exclusivamente pela impressão que causa. Temos que nos contentar em distinguir entre os homens aquele cujo comportamento essencial é predominantemente de uma ou de outra espécie.

Esta diferença manifesta-se naturalmente com maior vigor no âmbito do inter-humano, isto é, nas relações dos homens entre si.

Tomemos como o exemplo mais simples e contudo bastante nítido uma situação em que duas pessoas olham uma para a outra, uma pessoa pertencendo ao tipo básico da primeira espécie e a outra ao da segunda. O homem que vive conforme o seu ser olha para o outro precisamente como se olha para alguém com quem se mantém relações pessoais; é um olhar "espontâneo", "sem reservas"; é verdade que, naturalmente, ele não deixa de ser influenciado pela intenção de fazer-se compreender pelo outro, mas não é influenciado por qualquer pensamento sobre a imagem que pode ou deve despertar no outro, quanto à sua própria natureza. É diferente com o seu oposto: já que para ele o que importa é a imagem que sua aparência produz no outro, isto é, o componente mais "expressivo" desta aparência, o seu olhar, ele "faz" este olhar; com a ajuda da capacidade que o homem possui em maior ou menor medida de fazer aparecer um elemento determinado do Ser no olhar, ele fabrica um olhar que deve atuar como uma manifestação espontânea e, com bastante freqüência, assim atua; e não somente como manifestação do acontecimento psíquico que supostamente se dá neste momento, mas também ao mesmo tempo como a reflexão de um ser pessoal de tal ou tal natureza.

De certo devemos delimitar este campo cuidadosamente em relação a um outro campo do parecer, cuja legitimidade ontológica não pode ser posta em dúvida, pois trata-se aqui, por assim dizer, de algo autêntico. Tenho em mente o reino da "aparência genuína", em que, por exemplo, um jovem imita o herói que tem por modelo e é dominado pela faticidade heróica nesta sua atitude; ou a manifestação de um destino, que evoca o destino autêntico. *"So lasst mich scheinen bis ich werde"* – "Deixai-me, pois, parecer até eu ser" – toca exatamente neste mistério. Aqui justamente não há nada de falso, a imitação é imitação genuína e a representação genuína, também a máscara é uma máscara e

142

não uma simulação. Mas onde a aparência se origina na mentira e por esta é impregnada, aí o inter-humano é ameaçado na sua existência. Não é também como se alguém dissesse uma mentira, talvez relatasse um conteúdo de fatos falsificando-o: a mentira a que me refiro não se dá em relação a um conjunto de fatos, mas em relação à própria existência, e ela afeta a própria existência do inter-humano. Pode-se às vezes — para satisfazer uma vaidade insípida — fazer-se perder levianamente a grande oportunidade do acontecimento verdadeiro entre Eu e Tu.

Imaginemos agora dois homens-imagem, sentados lado-a-lado e falando um-com-o-outro — chamemo-los de Pedro e Paulo — e contemos as figurações que entram no jogo. Temos de início Pedro como ele quer aparecer a Paulo e Paulo como quer aparecer a Pedro; em seguida Pedro como ele realmente aparece a Paulo, isto é, a imagem que Paulo tem de Pedro, que comumente não corresponderá de forma alguma à imagem de si que Pedro deseja que Paulo tenha e vice-versa; e ainda Pedro como aparece a si próprio e Paulo como aparece a si próprio; e finalmente Pedro encarnado e Paulo encarnado. Dois seres vivos e seis aparências fantasmagóricas que se misturam de maneiras diversas na conversa entre os dois! Onde sobraria aqui ainda espaço para a legitimidade do inter-humano!

Qualquer que seja em outros campos o sentido da palavra "verdade", no campo do inter-humano ela significa que os homens se comunicam um-com-o-outro tal como são. Não importa que um diga ao outro tudo que lhe ocorre, mas importa unicamente que ele não permita que entre ele e o outro se introduza sub-repticiamente alguma aparência. Não importa que um "se abandone" perante o outro, mas importa que ele permita ao homem com o qual se comunica de participar do seu ser. É a autenticidade do inter-humano que importa; onde ela não existe, o humano também não pode ser autêntico.

Por isso devemos, nós que começamos a reconhecer a crise do homem como a crise do Entre, libertar o conceito da honestidade do frágil tom de prédica moral que a ele aderiu e fazer com que ele entre de novo em consonância com o conceito da retidão. Se nos tempos primitivos a pressuposição do ser-homem deu-se através da retidão da sua postura ao caminhar, a realização do ser-homem só pode dar-se através da retidão da alma no seu caminhar, através de uma grande honestidade que não é mais afetada por nenhuma aparência, já que ela venceu a simulação.

143

Mas o que acontece – poder-se-á perguntar – quando um homem, pela sua natureza, torna sua vida subserviente às imagens que produz nos outros? Pode ele assim mesmo tornar-se ainda um homem que vive conforme o seu ser – pode ele fugir à sua natureza?

A tão difundida tendência de viver a partir da diversidade da impressão causada, em lugar de viver a partir da permanência do Ser não é uma "natureza". Ela se origina de fato no avesso do próprio inter-humano: na dependência dos homens entre si. Não é fácil fazer-se confirmar no seu Ser pelos outros; aí a aparência oferece a sua ajuda. A ela ceder é a verdadeira covardia do homem; resistir, sua verdadeira coragem. Mas este não é um ser-assim inexorável, não é um ter-que-permanecer-assim. O homem pode lutar para se encontrar, isto é, para encontrar a confiança no Ser. Ele luta com maior ou menor sucesso, mas nunca em vão, mesmo quando pensa que está sendo derrotado. Às vezes ele precisa pagar caro pela vida a partir do Ser, mas o preço pago nunca é demasiadamente alto. Não existe, entretanto, o Ser mau, não viceja ele em todo lugar? Eu nunca conheci jovem algum que me parecesse irremediavelmente mau. Certamente, torna-se depois cada vez mais difícil perfurar a crosta cada vez mais endurecida que se formou sobre o Ser. É assim que se origina a falsa perspectiva de uma "natureza" imutável. Ela é falsa; a fachada é enganosa; o homem, enquanto homem, pode ser redimido.

Vemos outra vez diante de nós os dois homens, cercados pelos fantasmas das figuras da aparência. Fantasmas podem ser exorcizados. Imaginemos um Pedro e um Paulo aos quais começa a repugnar, aos quais repugna com uma freqüência cada vez maior, o fato de serem representados por fantasmas. Em cada um dos dois acorda, fortalece-se a vontade de ser confirmado como este ente que ele é e não de outra forma. Vemos as forças do real na sua obra de exorcizar, até que a falsa aparência se dissolva e os abismos do ser-pessoa invoquem-se mutuamente.

3. O "TORNAR-SE PRESENTE" DA PESSOA

Decididamente a maior parte daquilo que se denomina hoje entre os homens de conversação deveria ser designado, com mais justeza e num sentido preciso, de palavreado. Em geral os homens não falam realmente um-ao-outro mas, cada um, embora esteja voltado para o outro, fala na verdade a uma instância fictícia, cuja existência se reduz ao fato de escutá-lo. A válida expressão poética para este estado de coisas já foi fornecida por Tchekov em sua peça *O Pomar de Cerejeiras,* peça esta onde os membros de uma família não usam seu estar-juntos para outra coisa a não ser palavrear sem que ninguém escute; mas foi somente Sartre que elevou ao nível de um princípio de vida o que aqui nos aparece ainda como a aflição do homem enclausurado em si mesmo. Ele considera os muros entre os parceiros de uma conversação como simplesmente intransponíveis; para ele, o destino inevitável do homem é que ele só tenha a ver diretamente consigo mesmo e com os seus próprios assuntos; a existência interior do outro diz respeito a ele e não a mim; não existe e não pode existir contato direto com o outro. Aparece aqui, com uma clareza jamais demonstrada, o funesto fatalismo do homem moderno, que vê na degeneração a natureza imutável e no infortúnio de ter-se perdido num beco sem saída o destino original do *Homo sapiens,* e que rotula qualquer pensamento de uma ruptura de romantismo reacionário. Quem reconhece realmente quão longe a nossa geração se transviou da verdadeira liberdade, da livre generosidade do Eu e Tu, deve, por força do caráter de missão de todo grande conhecimento deste gênero, exercer ele próprio — mesmo que seja o único na terra a fazê-lo — o contato direto e a este não abdicar, até que os escarnecedores se assustem e percebam na voz deste homem a voz de sua própria nostalgia reprimida.

O principal pressuposto para o surgimento de uma conversação genuína é que cada um veja seu parceiro como este homem, como precisamente este homem é. Eu tomo conhecimento íntimo dele, tomo conhecimento íntimo do fato que ele é outro, essencialmente outro do que eu e essencialmente outro do que eu desta maneira determinada, única, que lhe é própria e, aceitando o homem que assim percebi, posso então dirigir minha palavra com toda seriedade a ele, a ele precisamente enquanto tal. Talvez eu precise, a cada vez, com toda a severidade, contrapor a minha opinião à sua opinião sobre o objeto de nossa conversação; não se trata aqui, de forma alguma, de um afrouxamento de convicções, mas esta pessoa, portadora da convicção no seu caráter de pessoa, eu a aceito nesta maneira de ser no qual se desenvolveu sua convicção, precisamente a convicção na qual eu talvez tenha de tentar mostrar ponto por ponto o que ela tem de errado. Eu digo sim à pessoa com quem luto, luto com ela como seu parceiro, a confirmo como criatura e como criação, confirmo também o que está face a mim naquilo que se me contrapõe. Certamente depende dele agora que surja entre nós uma conversação genuína, a reciprocidade tornada linguagem. Mas uma vez que eu tenha legitimado de tal forma, face a mim, o outro enquanto homem com quem estou pronto a entrar em diálogo, então posso nele confiar e dele esperar que também ele aja como parceiro.

Mas o que significa então, no sentido exato em que utilizo aqui a expressão, tomar conhecimento íntimo de um homem?

Tomar conhecimento íntimo de uma coisa ou de um ser significa, em geral, experienciá-lo como uma totalidade e contudo, ao mesmo tempo, sem abstrações que o reduzam, experienciá-lo em toda a sua concretude. Mas o homem, embora se encontre como ser entre seres e como coisa entre coisas, constitui uma categoria diferente de todas as coisas e todos os seres: pois o homem só pode ser compreendido realmente do ponto de vista do dom do espírito que entre todas as coisas e seres só a ele pertence, o espírito como fazendo parte decisiva da vida pessoal do homem, isto é, o espírito que determina a pessoa. Tomar conhecimento íntimo de um homem significa então, principalmente, perceber sua totalidade enquanto pessoa determinada pelo espírito, perceber o centro dinâmico que imprime o perceptível signo da unicidade e toda a sua manifestação, ação e atitude. Mas um tal conhecimento íntimo é impossível se o outro, enquanto outro, é para mim o objeto destacado da minha contemplação ou mesmo observação, pois a estas últimas esta totalidade e este centro não se dão a conhecer: o conhecimento íntimo só se torna possível quando me coloco de uma forma elementar em relação com o outro, portanto quando ele se torna presença para mim. É por isso que designo a tomada de conhecimento íntimo neste sentido especial como o tornar-se presente da pessoa.

À percepção do homem que vive conosco enquanto totalidade, unidade e unicidade — mesmo que estas características estejam na maioria das vezes insuficientemente desenvolvidas — opõe-se nos nossos tempos quase tudo que se costuma compreender por especificamente moderno. Hoje em dia predomina um olhar analítico, redutor e dedutivo entre homem e homem. O olhar é analítico ou, melhor, pseudo-analítico, pois trata a totalidade do ser psicofísico como composta e portanto desmembrável, não somente o assim chamado inconsciente, acessível a uma relativa objetivação, mas também a própria corrente psíquica, que na realidade nunca é captável como existindo objetivamente. Redutor é o olhar porque ele quer reduzir a multiplicidade da pessoa, nutrida pela plenitude microcósmica do possível, a estruturas esquematicamente abrangíveis pela vista e recorrentes. E ele é dedutivo, pois supõe poder enquadrar em fórmulas genéticas a maneira de como o homem veio a ser, o seu devir, e ainda poder representar o dinâmico princípio central da individualidade neste devir através de um conceito geral. Não é apenas uma "desmagicização" — isto poderíamos permitir que aconteça — mas é também um radical desvendar do mistério que é pretendido hoje entre homem e homem. E nivelada a natureza

147

da pessoa, o mistério incessantemente próximo, outrora móvel dos mais calmos entusiasmos.

O que acabo de dizer não se volta de forma alguma contra o método analítico das ciências humanas; este método é imprescindível sempre que ele faz progredir o conhecimento de um fenômeno, sem influenciar o conhecimento da sua individualidade — alcançado de outra forma — que transcende o legítimo âmbito de validez do método. A ciência do homem que se utiliza do método analítico deve, portanto, ter sempre em vista o limite intransponível de tal observação, que se apresenta como um horizonte. É este dever que torna tão questionável a transposição do método para a vida; pois aqui é excessivamente difícil respeitar em cada caso o limite enquanto tal.

Se queremos ao mesmo tempo nos dedicar com atenção aos assuntos do presente e preparar com lucidez os de amanhã, então devemos desenvolver em nós mesmos e nas gerações que nos seguirão um dom que vive na interioridade do homem como uma Cinderela predestinada a ser princesa. Alguns chamam o dom de intuição, mas este não é um conceito totalmente sem ambigüidade. Eu preferiria o nome de fantasia do real, pois na sua essência este dom não é mais um olhar para o outro; é um penetrar audacioso no outro, potente como um vôo, penetrar no outro que reivindica o movimento mais intensivo do meu ser, à maneira de toda fantasia verdadeira, só que aqui o campo de minha ação não é o todo-possível, mas a pessoa real e singular que vem ao meu encontro, que eu posso tentar tornar presente para mim, assim mesmo e não de outra forma, na sua totalidade, sua unidade e unicidade, e no seu centro dinâmico que realiza tudo isto sempre de novo.

Mas isto, repitamo-lo mais uma vez, só pode acontecer numa parceria viva, isto é, quando, numa situação comum com o outro, me exponho vitalmente à sua participação nesta situação como sendo realmente sua. Sem dúvida, esta minha atitude básica pode permanecer sem resposta e a dialógica pode morrer em germe. Mas, se a mutualidade é conseguida, o inter-humano desabrocha na conversação genuína.

4. IMPOSIÇÃO E ABERTURA

Indiquei dois fatores que impedem o crescimento do inter-humano: a aparência que invade e a insuficiência da percepção. Temos agora diante de nós um terceiro fator, mais óbvio que os outros dois e, nesta hora crítica, mais poderoso e mais perigoso do que nunca.

Existem duas maneiras básicas de influenciar os homens no seu modo de pensar e na sua forma de viver. Na primeira, a pessoa quer se impor a si própria, impor sua opinião e atitude de tal forma que o outro pense que o resultado psíquico da ação é seu próprio entendimento, apenas liberado por aquela influência. Na segunda maneira básica de agir sobre o outro, a pessoa quer encontrar também na alma do outro, como nela instalado, e incentivar aquilo que em si mesmo ele reconheceu como certo; já que é o certo, então deve também estar vivo no microcosmo do outro como uma possibilidade dentre outras possibilidades; o outro deve apenas abrir-se nesta sua potencialidade e esta sua abertura dá-se essencialmente não através de um aprendizado mas através do encontro, através da comunicação existencial entre um ente que é e um outro que pode vir a ser. A primeira maneira desenvolveu-se com mais intensidade no campo da propaganda, a segunda no da educação.

O propagandista que tenho em mente, que se impõe, não se interessa em absoluto pela pessoa que ele quer influenciar, enquanto pessoa; quaisquer características individuais são para ele significativas somente na medida em que pode delas tirar proveito e conseguir a adesão do outro para os seus objetivos e para isto ele tem que chegar a conhecê-las. Na sua indiferença para com tudo que diz respeito à pessoa, o propagandista vai ainda muito além do partido para o qual atua. Para o partido, as pessoas na sua diversidade têm um significado, pois cada uma delas pode ser utilizada, de acordo com sua característica especial, em uma função especial; é verdade que tudo isto que é próprio à pessoa é somente considerado em vista da sua utilização específica, mas, dentro desses limites, é contudo reconhecido na prática. Pelo contrário, para a propaganda enquanto tal, aquilo que é individual é antes um estorvo, ela se interessa simplesmente pelo "mais" – mais membros, mais adeptos, uma superfície de apoio crescente. O meio político, onde ela governa na sua forma extrema, significa como neste caso: apoderar-se do outro, despersonalizando-o. Este gênero de propaganda associa-se de formas diversas à coação, ela a completa ou substitui, de acordo com a necessidade e as perspectivas, mas em última instância nada mais é do que a coação sublimada, tornada imperceptível. A coação coloca as almas sob uma pressão que possibilita a ilusão da autonomia. O meio político completa-se na supressão efetiva do fator humano.

O educador que tenho em mente vive num mundo de indivíduos, do qual uma determinada parte está constantemente confiada à sua guarda. Ele reconhece cada um destes indivíduos como apto a se tornar uma pessoa única, singular e portadora de uma especial tarefa do Ser que ela, somente ela pode cumprir. Todo ser com características pessoais mostra-se para ele como incluído num tal processo de atualização e ele sabe de própria experiência que as forças atualizadoras estão cada vez mais empenhadas numa luta microcósmica com forças contrárias. Ele aprendeu a se compreender como um auxiliar das forças atualizadoras. Ele conhece estas forças: elas também giram sobre ele e sobre ele continuam a agir. É esta obra sobre ele realizada que ele as faz encontrar sempre de novo e coloca à sua disposição para uma nova luta e uma nova obra. Ele não pode querer impô-la, pois crê na ação das forças atualizadoras, isto é, crê que, em todo homem, o certo está instalado de uma maneira singular, de uma maneira única, própria da sua pessoa; nenhuma outra maneira deve impor-se a este homem, mas uma outra maneira, a deste educador, pode e deve propiciar a abertura daquilo que é certo — tal como aqui este quer se realizar — e ajudá-lo a se desenvolver.

O propagandista que se impõe não crê sequer realmente na própria causa, pois não confia na possibilidade de que ela atinja seu efeito por suas próprias forças, sem os métodos que ele usa, cujos símbolos são o alto-falante e o anúncio luminoso. O educador que propicia a abertura crê na força primitiva que se espalhou e se espelha em todos os seres humanos para crescer dentro de cada um, tornando-se uma figura particular; ele tem fé que este crescimento só necessite em cada momento do auxílio prestado nos encontros, auxílio que também ele é chamado a dar.

Esclareci em dois exemplos extremamente antitéticos o caráter das duas atitudes básicas e a relação que entre elas existe. Mas, onde quer que os homens mantenham relações entre si, uma ou outra atitude é encontrada em maior ou menor escala.

Entretanto, estes dois princípios, de impor-se a alguém e de propiciar a abertura a alguém, não devem de forma alguma ser confundidos com conceitos tais como orgulho e humildade. Um homem pode muito bem ser orgulhoso, sem querer se impor aos outros, e não basta ser humilde para propiciar uma abertura ao outro. Orgulho e humildade são disposições da alma, fatos individuais psicológicos que contêm um acento ético; imposição e abertura são processos que ocorrem entre homens, estados de fato antropológicos que apontam para uma ontologia, justamente a ontologia do inter-humano.

No campo ético, Kant enunciou o princípio da maior importância que o nosso semelhante nunca deve ser considerado e tratado como um simples meio, mas sempre e ao mesmo tempo deve ser considerado e tratado como um fim em si. O princípio coloca-se sob o signo de um dever que é sustentado pela idéia da dignidade humana. No seu núcleo, o nosso ponto de vista aproxima-se do de Kant, mas provém de uma origem diferente e dirige-se para um objetivo diferente. O que nos interessa são os pressupostos do inter-humano. O homem é antropologicamente existente não no seu isolamento, mas na integridade da relação entre homem e homem: é somente a reciprocidade da ação que possibilita a compreensão adequada da natureza humana. Para isto, para a existência do inter-humano, é necessário, como foi mostrado, que a aparência não intervenha perniciosamente na relação entre um ser pessoal e um outro ser pessoal; é outrossim necessário, como foi também mostrado, que cada um tenha o outro em mente e que o torne presente no seu ser pessoal. Que nenhum dos parceiros queira impor-se ao outro é o terceiro pressuposto básico do inter-humano. Não pertence mais a estes pressupostos o fato que um exerça sobre o outro uma ação no sentido de propiciar-lhe a abertura; mas é este certamente um elemento capaz de conduzir a um estágio mais alto do inter-humano.

Que a cada homem seja inerente o destino de alcançar a maneira certa de ser-homem dentro da forma que lhe é peculiar, só a ele específica, pode-se compreender na imagem aristotélica da enteléquia, da auto-realização inata; é preciso somente considerar que esta é uma enteléquia da obra de criação. Está errado falar aqui unicamente da individuação; esta significa apenas a marca pessoal, extremamente necessária, de toda realização do ser-homem. Não é o ser-próprio como tal que é o essencial em última instância, mas o fato que o sentido da criação da existência humana se completa, vez após vez, como ser-próprio. É a função de abertura entre os homens, é o auxílio ao vir a ser do homem enquanto ser-próprio, é a assistência mútua na realização do ser-próprio da natureza humana conforme a criação, é isto que leva o inter-humano à sua verdadeira altura. É somente quando há dois homens, dos quais cada um, ao ter o outro em mente, tem em mente ao mesmo tempo a coisa elevada que a este é destinada e que serve ao cumprimento do seu destino, sem querer impor ao outro algo da sua própria realização, é somente aí que se manifesta de uma forma encarnada toda a glória dinâmica do ser do homem.

5. A CONVERSAÇÃO GENUÍNA

Resta-nos ainda resumir de uma forma esclarecedora as características da conversação genuína.

Na conversação genuína, o voltar-se para o parceiro dá-se numa verdade total, ou seja, é um voltar-se do ser. Todo aquele que fala tem aqui em mente o parceiro ou os parceiros para quem se volta enquanto existência própria de pessoa. Ter alguém em mente significa dentro deste contexto, para aquele que fala, exercer ao mesmo tempo o tornar-presente na medida que lhe é possível neste momento. Os sentidos que fazem a experiência e a fantasia do real que completa os resultados por eles encontrados atuam em conjunto, para que o outro se torne presente como pessoa total e única, como precisamente a pessoa

153

que ele é. Aquele que fala, entretanto, não somente percebe a pessoa que lhe está assim presente, ele a aceita como seu parceiro, e isto significa: ele confirma este outro ser na medida em que lhe cabe confirmar. O verdadeiro voltar do seu ser para o outro ser inclui esta confirmação e esta aceitação. Naturalmente tal confirmação não significa ainda, de forma alguma, uma aprovação; mas, no que quer que seja que eu seja contrário ao outro, eu disse Sim à sua pessoa, aceitando-a como parceiro de uma conversação genuína.

Por outro lado, se uma conversação genuína deve surgir, então cada um dos seus participantes deve trazer-se a si mesmo para ela. E isto significa também que ele deve estar pronto a dizer em cada ocasião aquilo que verdadeiramente tem em mente no que diz respeito ao objeto da conversação. E isto por sua vez significa que em cada ocasião ele faça a contribuição do seu espírito, sem redução e sem desvio. Mesmo pessoas de grande honestidade julgam que não são obrigadas a dizer numa conversação tudo "o que elas têm a dizer". Mas na grande fidelidade, que é o espaço em que respira a conversação genuína, aquilo que tenho a dizer em cada ocasião já tem em mim o caráter daquilo que quer ser dito, e eu não devo detê-lo, não devo retê-lo dentro de mim. Pois o que tenho a dizer leva o signo, inconfudível para mim, de que a palavra pertence à vida comunitária. Onde a palavra dialógica existe de uma forma autêntica, é pela franqueza que se deve fazer-lhe justiça. A franqueza, entretanto, é o oposto exato de um palavrear a esmo. Tudo depende da legitimidade daquilo "que tenho a dizer". E certamente devo também estar atento para elevar ao nível de uma palavra interior e em seguida ao nível da palavra proferida aquilo que tenho a dizer precisamente agora mas que ainda não possuo sob a forma de linguagem. O dizer é ao mesmo tempo natureza e obra, broto e formação, e onde ele aparece dialogicamente, no espaço onde a grande fidelidade respira, este dizer precisa realizar sempre de novo a unidade dos dois.

Associa-se a isto aquela superação da aparência à qual acima me referi. Mesmo na atmosfera da conversação genuína age como destruidor aquele que é governado pelo pensamento do próprio efeito produzido quando diz o que tem que dizer. Se, em lugar daquilo que tenho a dizer, proponho-me a fazer falar um eu que se faz valer, então eu falhei irremediavelmente no que teria a dizer; isto se introduz na conversação de uma forma falha e a conversação assume uma forma falha. Já que a conversação ge-

154

nuína é uma esfera ontológica, constituída pela autenticidade do ser, toda invasão da aparência pode prejudicá-la.

Mas onde a conversação se realiza em sua essência, entre parceiros que verdadeiramente voltaram-se um-para-o-outro, que se expressam com franqueza e que estão livres de toda vontade de parecer, produz-se uma memorável e comum fecundidade que não é encontrada em nenhum outro lugar. A palavra nasce substancialmente, vez após vez, entre homens que, nas suas profundidades, são captados e abertos pela dinâmica de um elementar estar-juntos. O inter-humano propicia aqui uma abertura àquilo que de outra maneira permanece fechado.

Este fenômeno é freqüentemente conhecido no diálogo a dois; mas eu o tenho experienciado às vezes também no diálogo a múltiplas vozes.

Nas proximidades da Páscoa de 1914, reuniu-se um grupo de representantes espirituais de alguns povos europeus para uma conferência de três dias, que pretendia ser uma preliminar de discussões futuras. Queria-se ponderar em comum a eventual possibilidade de prevenir a catástrofe por todos pressentida. Sem que se tenha combinado de antemão quaisquer modalidades da discussão, todas as condições prévias da conversação genuína estavam preenchidas. Desde a primeira hora reinou entre todos um contato direto, embora alguns tivessem acabado de se conhecer; todos falavam com uma franqueza jamais ouvida e evidentemente não havia entre os participantes um único escravo da aparência. Do ponto de vista dos seus objetivos, a reunião deve ser considerada como um fracasso (embora mesmo hoje, no meu íntimo, eu não esteja seguro da inevitabilidade do seu fracasso); a ironia da situação quis que se fixasse as discussões definitivas para meados de agosto e o curso dos acontecimentos mundiais conseguiu logo, naturalmente, desfazer de abrupto o grupo. No tempo que se seguiu, contudo, nenhum dos participantes duvidou certamente de ter participado de um triunfo do inter-humano.

Deve-se salientar ainda uma observação.

Naturalmente, não é necessário que todos que estão reunidos para uma conversação genuína falem eles próprios; os que permanecem calados podem às vezes tornar-se particularmente importantes. Entretanto, cada um deve estar decidido a não se esquivar quando o curso da conversação determinar a sua vez de dizer precisamente aquilo que tem a dizer. E certamente ninguém pode saber de antemão o que é que ele tem a dizer: não é possível preordenar uma conversação genuína. Ela obedece, é verdade, desde o início, a uma ordem básica que lhe é inerente, mas nada pode ser determinado, o seu curso é o do espírito e alguns só descobrem o que tinham a dizer quando percebem o apelo deste espírito.

Contudo, é óbvio também que todos os participantes, sem exceção, têm que ser constituídos de tal maneira que sejam capazes e prontos para satisfazer as condições prévias da conversação genuína. A genuinidade já é posta em questão quando os participantes, por menor que seja o seu número, vejam-se eles próprios ou sejam pelos outros percebidos como não lhes sendo atribuída uma participação ativa. Tal estado de coisas pode levar a uma problemática grave.

Eu tinha um amigo que conto entre os homens mais consideráveis da nossa época. Era um mestre da conversação e ele a amava; quando falava, sua genuinidade era evidente. Aconteceu, entretanto, que uma vez, sentado com dois amigos, suas esposas e a sua, surgiu uma conversação de tal natureza que as mulheres visivelmente dela não participaram, embora sua presença fosse altamente determinante. A conversação entre os homens transformou-se logo num duelo entre dois (eu era o terceiro). O outro, também amigo meu, era uma natureza nobre; também ele possuía o dom da palavra, mas era mais dado à eqüidade objetiva do que a reinvidicações do espírito e totalmente estranho a qualquer erística. O amigo a quem chamei de mestre da conversação não falou da forma descontraída e séria que lhe era habitual mas "brilhando", esgrimindo, triunfando. A conversação deteriorou-se.

Na nossa época, onde tornou-se raro encontrar a verdadeira compreensão do que é a essência da conversação genuína, um falso senso de publicidade faz com que se conheça suas condições prévias de uma maneira a tal ponto errada, que se supõe ser possível organizar uma destas conversações, por meios apropriados de propaganda, para um público de ouvintes interessados. Mas, por mais elevado que seja o seu *niveau*, um debate púlico não pode ser nem espontâneo, nem direto e nem franco; um colóquio apresentado como audição está separado da conversação genuína por uma barreira intransponível.

6. OBSERVAÇÃO POSTERIOR

Terminando o manuscrito, minha atenção foi despertada por dois trechos em *Briefe eines Unbekannten* de Alexander von Viller, que me parecem suficientemente dignos de atenção para serem aqui mencionados:

Wiesenhaus, 27 de Dezembro de 1877. Eu tenho uma superstição quanto ao inter-homem, o homem do espaço inter-humano. Eu não o sou, tu tampouco, mas entre nós surge um que me diz tu, ao outro eu sou. Assim cada um tem o seu inter-homem com um nome duplo recíproco, e de todos os cem inter-homens dos quais cada um de nós participa com cinqüenta por cento não há um igual ao outro. Mas aquele que pensa, sente e fala é o inter-homem e a ele pertencem os pensamentos; isto torna-nos livres.

Wiesenhaus, 28 de Fevereiro de 1879. Bem, agora estamos no caminho certo. É falar e responder, objeto vivo, atrito, talvez a interioridade da procriação. Pois tenho uma representação de algo, não em si, mas algo para mim e para ti. Para que este algo tenha um nome, uma alça pela qual possamos pegá-lo, dou-lhe o nome de inter-homem. O inter-homem é uma representação do outro, própria e pertencente somente a dois homens determinados. É o B entre o A e o C, no seu espaço intermediário. Na relação entre A e um D, E, F nunca reaparece este inter-homem, embora se trate sempre do mesmo A; ele pertence somente à relação de A a C.

POSFÁCIO À HISTÓRIA DO PRINCÍPIO DIALÓGICO

Em todas as épocas, pressentiu-se indubitavelmente que a relação essencial recíproca entre dois seres significa uma oportunidade do Ser, oportunidade esta que surgiu graças ao fato de que o homem existe. Pressentiu-se sempre também de que justamente pela razão de penetrar na relação essencial é que o homem revela-se como homem; que é de fato somente com isto e através disto que ele atinge a participação válida no Ser, a ele reservada; que portanto o dizer-Tu vindo do Eu está na origem de todo singular tornar-se homem.

Este pressentimento encontra-se expresso no imediatismo da sua própria linguagem, numa carta escrita por Friedrich Heinrich Jacobi em 1775, dirigida a um desconhecido (citada numa carta de Jacobi a Lavater em 1781). Diz o autor: "Eu abro o olho ou o ouvido ou estendo minha mão e sinto no mesmo instante de uma forma inseparável: Tu e Eu, Eu e Tu". Passando isto para a linguagem, o critério aqui estabelecido está expresso num dos *Fliegende Blatter* de Jacobi: "A origem de toda certeza: Tu és e Eu sou!" E a formulação já madura diz (1785): "Sem o Tu o Eu é impossível"[1]

Mas somente depois de meio século, Ludwig Feuerbach — um pensador totalmente diferente de Jacobi mas que não deixou de ser influenciado por este dispôs-se a enquadrar o conhecimento que tinha da relação primitiva do Eu e Tu em teses filosóficas complementares. De início, ele só se orienta na ante-sala do edifício que a ele se abriu: "Para o Eu, a consciência do mundo é medida através da consciência do Tu" — com o que se poderia associar a sentença posterior, que no entanto não supera o pensamento de Jacobi, de que o Eu verdadeiro é "somente um Eu face ao qual está um Tu e que, ele próprio, é um Tu face a um outro Eu". Pouco tempo após esta afirmação entretanto, evidentemente inundado por um ir e vir de ondas de uma genial inspiração, Feuerbach escreve sobre o "mistério da necessidade do Tu para o Eu", sentença que tem obviamente para ele um caráter final e na qual ele estacionou sem sequer tentar ir mais adiante: "O homem para si é homem (no sentido comum); o homem com homem — a unidade do Eu e Tu é Deus".

Penetra-se aqui com segurança na posição da nova maneira de pensar, mas dá-se no mesmo momento um passo para além dela, para a indefinição de uma má mística, onde não espera mais ao filósofo um solo firme. A sentença está claramente, consciente ou inconscientemente, encaminhada contra o opinião básica de Jacobi que o leva naquela carta, depois de ter colocado o Tu como um Tu terreno ("apoio da própria existência do outro; um Tu querido"), a dirigir-se a Deus com o mesmo Tu. A este acoplamento do Tu humano com o Tu divino Feuerbach responde não exigindo uma renúncia radical ao conceito de Deus mas substi-

---

1. Pode-se comparar esta formulação com a declaração de Fichte de 1797, que deve ser compreendida naturalmente num contexto de sentido totalmente diverso: "A consciência do indivíduo é necessariamente acompanhada de uma outra, a consciência de um Tu, e é possível somente sob esta condição".

tuindo-o por um antropológico Deus-substituto. Em vez de concluir logicamente: "A unidade do Eu e Tu é homem (no sentido verdadeiro)", introduz uma construção pseudomística, à qual nem ele próprio nem ninguém após ele conseguiu dar um conteúdo genuíno.

A eliminação desta construção foi facilitada pouco tempo depois pelo pensamento de Soeren Kierkegaard que, ao mesmo tempo, preserva a concepção de realidade de Feuerbach. A categoria de "ser o Indivíduo" que ele apresentou à sua época deve ser compreendida, no sentido rigoroso, como o pressuposto decisivo para a mais alta relação essencial, pois Deus "quer o Indivíduo, ele só quer relacionar-se com o Indivíduo, não importa se o Indivíduo é superior ou insignificante, excelente ou deplorável". Mas prevalece aqui, não de uma forma fundamental, mas assim mesmo fatualmente, uma séria limitação. Certamente Kierkegaard exige que o homem também aja como Indivíduo no comportamento para com o seu semelhante, mas a relação com o semelhante não se torna relação essencial naquele sentido rigoroso; ela não pode assim tornar-se para Kierkegaard, por mais brilhantemente que este saiba pregar o amor ao próximo. Quando Jacobi comunicava em sua carta acerca de seu imediatismo, chegava ele a um transbordamento de sentimento cuja expressão lembra literalmente a resposta de Fausto a Gretchen ("Coração! Amor! Deus!") – de fato, o *Urfaust* procede precisamente deste tempo – o Tu do "outro" e o de Deus unidos, onde de certo não se evitava inteiramente o perigo de uma vaga confluência. Num contraste extremo com isto, no pensamento existencial de Kierkegaard o Tu humano nunca penetra transparente no divino, o limitado nunca penetra transparente no ilimitado. Coloca-se a partir deste Não uma grande questão às gerações que se seguem, que exige uma sóbria e descontraída ponderação e resposta. Pois com a fresta que se abre no Ser entre Tu e Tu está ameaçada de perverter-se a significação mais íntima daquele descobrimento do "Eu e Tu"; assim como esta ameaça provinha antes de um ateísmo ficticiamente místico, provém ela agora de uma piedade teísta quase monadicamente intencionada.

O movimento recomeça somente uns setenta anos depois[2], quando da Primeira Guerra Mundial o estranho anseio de fazer

---

2. Uma importante afirmação de William James, neste ínterim (*The Will to Believe*, 1897), não pode, entretanto, deixar de ser aqui mencionada. Diz ela: "Se somos crentes (*religious*), o Universo não é mais um mero Isto mas um Tu; e qualquer relação que possa ser possível de pessoa a pessoa torna-se possível aqui".

justiça com o pensamento ao próprio existir desperta da experiência da hora vesuviana e este anseio apodera-se também dos sistemáticos. É significativo que o neokantiano Hermann Cohen, no inverno de 1917/1918, estando próximo da morte, tenha sido o primeiro a renovar a visão do Tu no livro *Religion der Vernunft aus den Quellen des Judentums* (1919). Isto pode ser considerado um prolongamento da linha de Jacobi se se reconhece aqui que "somente o Tu, o descobrimento do Tu", leva "a mim mesmo à consciência do meu Eu" e que é "a personalidade" que "é trazida à luz do dia pelo Tu". Mas algo até então nunca expresso em filosofia torna-se explícito quando se fala da reciprocidade do homem com Deus, da sua "correlação", que ela não poderia "se completar se não fosse precedida pela correlação nela incluída entre homem e homem".

O admirável aluno de Cohen, Franz Rosenzweig, não se afastou tanto de Kierkegaard. Ao travar conhecimento naquele inverno com a *Religion der Vernunft* ainda em forma de manuscrito não foi de certo por esta obra centralmente influenciado; conservou-a entretanto em mente quando começou, no verão seguinte, nas trincheiras macedônicas, a construir sua obra *Stern der Erlosung* (1921). Mas, inflamado pela sólida concretude da sua reflexão sobre a linguagem, Rosenzweig supera notavelmente a Cohen na compreensão do Tu enquanto Tu falado: a verbalização essencial do Tu está para ele contida no "Onde estás?" dirigido por Deus a Adão; isto interpretando, pergunta Rosenzweig: "Onde está um Tu tão independente que enfrenta livremente o Deus oculto, um Tu em quem ele pode descobrir-se como Eu?" A partir daqui fica visível um caminho interior bíblico para aquele "Chamei-te pelo nome. Tu és meu", com o qual Deus se identifica como "aquele que origina e abre todo este diálogo entre ele e a alma". É esta a significativa contribuição teológica de Rosenzweig ao nosso assunto[3].

O *Stern* estava terminado em fevereiro de 1919. Mas, no mesmo inverno e estendendo-se pela primavera, Ferdinand Ebner, um professor de escola primária, na província austríaca, católico, seriamente abalado pela doença e pela depressão, escreveu seus *Pneumatologische Fragmente,* que reuniu em seguida no livro *Das Wort und die geistige Realitaten* (1921). Ebner parte da experiência da "solidão do Eu" naquele sentido existencial que

3. No que diz respeito a este assunto, Franz Rosenzweig precisa também ser visto no contexto de um círculo do qual devem ser aqui destacados em particular Hans Ehrenberg e Eugen Rosenstock.

esta expressão ganhou na nossa época; ela é para Ebner "nada original", mas a conseqüência do "encerrar-se em si do Tu". Daqui por diante, seguindo os passos de Hamann, mas unindo com mais força os critérios entre si, ele se aprofunda no mistério da linguagem com o estabelecimento eternamente novo da relação entre o Eu e o Tu. Confessa-se, de uma forma mais direta de que Kierkegaard, como alguém que não foi capaz de encontrar o Tu no homem. Já em 1917 indicara o perigo de sucumbir espiritualmente na consciência desta "impossibilidade". Ele encontra a salvação no pensamento: "Há somente um único Tu e este é justamente Deus". É verdade que também ele postula, como Kierkegaard: "O homem não deve amar somente a Deus, mas também ao homem". Mas onde se trata da autenticidade da existência, desaparece também para ele todo outro Tu diante do Tu de Deus. Se perguntamos aqui, como em Kierkegaard, o que é válido enfim, estamos novamente diante do Indivíduo que, embora olhe para o mundo, é, em última instância, acósmico; embora ame aos homens, tem, em última instância, um comportamento anantrópico.

Neste ponto é preciso que eu fale de mim mesmo.

Desde a minha juventude fui abordado pela questão da possibilidade e realidade de uma relação dialógica entre homem e Deus, portanto de uma parceria livre do homem numa conversação entre o céu e a terra. A linguagem desta conversação, no falar e no responder, é o próprio acontecimento, o acontecimento de cima para baixo e o acontecimento de baixo para cima. Em particular, desde que a tradição hassídica cresceu para mim até tornar-se o sustentáculo do meu próprio pensamento, isto é, desde aproximadamente 1905, esta questão passou a ser muito íntima para mim. Na forma da linguagem dos escritos sobre o princípio dialógico surgidos muitos anos depois, ela se encontra de certo pela primeira vez no outono de 1907, na introdução ao meu livro *Die Legende des Baalschem*. Esta introdução trata da distinção radical entre o mito no sentido mais restrito (o mito das mitologias) e a lenda. Diz ela:

A lenda é o mito do chamado. No mito puro não há distinção de essência. . . Mesmo o *heros* permanece somente num degrau diferente do que Deus, não face a ele; eles não são o Eu e o Tu. . . O Deus do puro mito não chama, ele gera; ele envia o gerado, o *heros*. O Deus da lenda chama, ele chama o filho do homem: o profeta, o santo. . . A lenda é o mito do Eu e Tu, daquele que é chamado e daquele que chama, do finito que penetra o infinito e do infinito que necessita do finito.

163

A relação dialógica acha-se aqui exemplificada na sua mais alta culminância: pois mesmo nesta altura, a diferença essencial entre os parceiros persiste sem enfraquecer e mesmo nesta proximidade a independência do homem continua ao mesmo tempo preservada.

Deste fenômeno da exceção, do excetuar, o pensamento levou-me agora com uma seriedade cada vez maior para aquilo que é comum, experienciável por todos. O esclarecimento deu-se em primeiro lugar também aqui em conexão com a minha interpretação do Hassidismo: no "Prefácio" escrito em setembro de 1919 ao livro *Der grosse Maggid und seine Nachfolge* (1921), o ensinamento judaico está caracterizado como "totalmente baseado na relação bidirecional do Eu-humano e Tu-divino, na reciprocidade, no *encontro* ". Logo depois, no outono, seguia-se o primeiro rascunho, ainda canhestro, do *Eu e Tu* (originariamente devia ele constituir a primeira parte de uma obra em cinco volumes, cujo conteúdo eu já esboçara rapidamente em 1916, cujo caráter sistemático, entretanto, tornava-o visivelmente alheio para mim)[4].

Seguiram-se então dois anos, nos quais quase não pude trabalhar a não ser em assuntos hassídicos, mas também — com exceção do *Discours de la Méthode* que mais uma vez me propus a estudar — nada li de *Philosophica* (por isso, somente mais tarde, e com atraso, li as mencionadas obras de Cohen, Rosenzweig[5] e Ebner). Isto faz parte da continuidade de um processo que naquele tempo eu compreendi como uma ascese espiritual. Em seguida pude iniciar a redação definitiva do *Eu e Tu*, terminada na primavera de 1922, depois de ter exposto o desenvolver do meu pensamento em janeiro e fevereiro de 1922, na conferência "Religion als Gegenwart", no Freies Juedisches Lehrhaus em Frankfurt a. M. Enquanto escrevia a terceira e última parte, interrompi a ascese de leitura e comecei com os fragmentos de Ebner[6]. O livro mostrou-me, como nenhum outro desde então, em certas partes numa contigüidade quase inquietante, que homens de diferentes espécies e tradições puseram-se nestes nossos tempos a

4. Cf. minha observação que se segue à primeira edição de *Eu e Tu*.

5. Explica-se aqui a comunicação de Rosenzweig numa carta (*Briefe* p. 426) que em dezembro de 1921 eu ainda não conhecia seu livro.

6. Deparei-me de início com alguma coisa publicada num caderno de "Brenner" e em seguida encomendei o livro.

procurar o tesouro enterrado. Logo depois, vindos de outras direções, fenômenos semelhantes revelaram-se a mim.

Dos iniciadores, eu já tinha conhecido como estudante Feuerbach e Kierkegaard; Sim e Não a eles tinha-se tornado uma parte da minha existência; Jacobi eu conhecia então de uma forma totalmente insuficiente (há pouco tempo somente que o li adequadamente); envolvia-me agora espiritualmente um círculo crescente de homens das gerações atuais que se preocupavam, embora em medida desigual, com aquele algo que para mim tornara-se um assunto cada vez mais vital. Eu já tinha preparado o caminho para o seu entendimento no meu livro *Daniel* (1913), mediante a distinção aí exposta entre uma atitude básica "orientadora", que objetiva, e uma "realizadora", que torna presente, uma distinção que coincide no seu cerne com a distinção efetivada em *Eu e Tu* entre a relação-Eu-Isto e a relação-Eu-Tu, com a diferença que mais tarde ela não se alicerça mais na esfera da subjetividade, mas na esfera entre os seres. Esta é entretanto a transformação decisiva que se deu numa série de espíritos na época da Primeira Guerra Mundial. Ela manifestou-se em sentidos e âmbitos múltiplos, mas a comunhão fundamental, originária da reveladora transformação da situação humana, é inconfundível.

Sob este ponto de vista, um número de publicações da década que se segue pode-se reunir às obras acima mencionadas como pertencendo ao período em que se completa o esclarecimento.

Do círculo de Rosenzweig vieram os livros de dois pensadores protestantes: *Disputationen I Fichte* (1923) de Hans Ehrenberg e *Angewandte Seelenkunde* (1924) de Eugen Rosenstock, pela qual Rosenzweig, que conhecia uma versão anterior da obra, foi decisivamente influenciado ao escrever o seu livro (cf. agora também o *Der Atem des Geistes* (1951) de Rosenstock).

Da teologia protestante deve-se mencionar em primeiro lugar *Ich glaube an den dreieinigen Gott* (1926) de Gogarten. Este livro pretente entender a *história* como "o encontro do Eu e Tu", mas ao mesmo tempo prende-se à tese não dialética de que a "história é obra de Deus" e por isso falha necessariamente em última instância em apreender o caráter da história como encontro. Em *Glaube und Wirklichkeit* (1928), do mesmo autor, o ensinamento que o encontro do Eu e Tu é realidade é tratado simplesmente como uma parte constituinte do Protestantismo da Reforma. Temos em seguida diante de nós a abrangente tentativa de sistematização teológico-filosófica de Karl Heim, *Glaube und Denken* (1931), na qual se aponta para a significação do novo rumo tomado, possivelmente de forma mais enfática.

Se de início havia a relação Eu-Isto e abre-se agora para nós o Tu,... deu-se uma revolução muito mais radical do que o descobrimento de uma nova parte do mundo ou o desvendamento de novos sistemas solares. A totalidade do mundo-do-Isto espaço-temporal, inclusive todas as constelações e nebulosas da Via Láctea, entraram numa nova perspectiva.

Também nos trabalhos de Emil Brunner desse período já está incluído o nosso problema.

A filosofia católica produziu naquela época, antes de mais nada, o *Journal métaphysique* (1927) de Gabriel Marcel, no qual, de uma forma aparentemente independente daquilo que até aí tinha sido dito em língua alemã, aparece delineado o critério central no seu respectivo despontar, sem que em trecho algum ele seja comparável às experiências elementares do pensador católico Ebner; não se toca aqui nas profundezas do terreno da linguagem. Mas fatos como este, de retornar aqui o princípio fundamental do *Eu e Tu,* de que o Tu eterno pela sua essência não pode se tornar um Isto, confirmaram-me novamente a universalidade do desenvolvimento espiritual de que trata este Posfácio.

Dentro da filosofia "livre" — referimo-nos com isto aqui à filosofia que não está mais existencialmente enraizada numa realidade de fé como a de Descartes ou Leibniz e que por isso exclui fundamentalmente a preocupação com o vínculo entre o relacionamento com o Tu condicionado e o relacionamento com o Tu incondicionado — destacam-se naquela época quatro obras: *Individuum und Gemeinschaft* (1924, 1926) de Theodor Litt, *Das Individuun in der Rolle des Mitmenschen* (1928) de Karl Löwith, *Gegenwart* (1928) de Eberhard Grisebach e *Philosophie II e III* (1932) de Karl Jaspers.

Para Litt, o conceito da "experiência-do-Tu" é determinante, mas ele vai inequivocamente para além do domínio psicológico quando permite, por exemplo, que num relacionamento transformado com o mundo "um verdadeiro *Dialogos* surja da relação dialética".

166

O livro de Löwith é a própria contribuição da fenomenologia[7], uma análise estrutural digna de confiança, que valoriza sobretudo com convicção as grandes descoberas da filosofia da linguagem de Wilhelm von Humboldt; mas esta análise não consegue evitar o trancar cuidadoso das portas que, sem ter sido assim programado, querem se abrir de repente.

A rigorosa, extremamente rigorosa coerência da crítica radical de Grisebach sacrifica muitos conteúdos concretos da relação-do-Tu ao postulado do reconhecimento do Tu do semelhante na sua existencial apóstrofe e contestação. Não se leva aqui em consideração o fato que, num verdadeiro encontro com o meu próximo, a prática exagerada de ouvir a alteridade do outro, exigida pelo autor, pode deixar escapar justamente aquela ajuda posta em questão: a abertura de algo a ser contemplado em comum. Deixar-se limitar realmente pelo Tu é importante, mas pode ser muito mais importante expor-se, junto com ele, ao Ilimitado que elimina os limites entre nós. "Que a palavra nos seja dirigida pelo Absoluto", diz Grisebach, "é um dogma da memória" – mas o que dizer se, na presença do outro e precisamente através dela, a palavra nos é dirigida? Grisebach acrescenta: "Certamente um Indivíduo pode, pela sua essência, reivindicar a posse da incondicionalidade mas nunca do Incondicionado", e sua sinceridade inexorável impede-o de reconhecer que é justamente o verdadeiro ser-alvo-da-palavra-dirigida – certamente não do "Absoluto", que não fala, mas do Deus que fala o mundo para mim – que incinera'toda reivindicação à posse de um absoluto.

Jaspers pertence eminentemente a este movimento graças ao capítulo sobre comunicação em seu *Existenzerhellung* e aquele sobre o ensino da leitura da escrita cifrada em sua *Metaphysik*. Os dois juntos constituem a conclusão exemplar de uma fase de desenvolvimento em que a filosofia "livre" toma posse do novo descobrimento, reduzindo-o. Eu digo "reduzindo", porque ela trata como arbitrário o vínculo característico deste des-

---

7. Apesar de toda sua significação, *Wesen und Formen der Sympathie* (1923) de Max Scheler não pertence aqui, pois não corresponde à natureza do nosso questionamento. Sentenças como aquela que o "mundo-do-Tu" seja tanto "uma esfera essencial autônoma" quanto a esfera do mundo exterior, a esfera do mundo interior, a "esfera do divino", não transcendem esta limitação de perspectiva. (Embora originados numa época posterior, devem ser contudo aqui mencionados como interpretação do pensamento de Husserl os capítulos pertinentes em *Phenomenologie und Metaphysik* (1948) de Ludwig Landgrebe.)

cobrimento entre a transcendência e a concreção, anulando ao mesmo tempo o avanço em direção à infinitude do Tu. Sem mais se prender a qualquer solo que sirva de raiz a uma realidade de fé, esta filosofia crê ser capaz de governar sem impedimentos na nova terra se somente preservar a situação básica de uma existencialidade da pessoa filosofante – e ela o consegue a seu modo.

Tínhamos reconhecido que é precisamente o mesmo Tu, que vai de homem para homem, que é precisamente este mesmo Tu que desce do divino para nós e que de nós para ele se eleva. Na total ausência daquilo que é comum, é deste elemento comum que se tratava e se trata. No duplo mandamento, aquela união bíblica do amor de Deus e o amor do homem dirigiu o nosso olhar para a transparência do Tu finito, mas também para a graça do Tu infinito, que aparece onde e como quer. Agora, no entanto, o nosso dizer-Tu à divindade é censurado como ilegítimo. O filósofo é de certo inviolavelmente qualificado para afirmar que "a existência filosófica" tolera "a não-aproximação do Deus oculto". Mas ele não é qualificado para designar como "questionável"[8] a oração que é assim estranha à sua experiência.

As coisas não se dão de uma forma muito diferente no que diz respeito ao ensino da leitura da escrita cifrada. "Signos", dissemos[9], "acontecem-nos sem cessar, viver significa ser alvo da palavra dirigida" e "Aquilo que me acontece é palavra que me é dirigida. Enquanto coisas que me acontecem, os eventos do mundo são palavras que me são dirigidas". Parece ter-se algo semelhante em mente quando a filosofia nos aponta o fato de que "o mundo não é uma revelação direta mas uma linguagem que, sem tornar-se universalmente válida, torna-se por vezes historicamente perceptível somente para a existência e mesmo aí não pode ser decifrada de uma vez por todas" e quando se diz mais enfaticamente ainda sobre a transcendência:

> Ela vem a este mundo como um poder estranho, vindo do seu sentido longínquo, e fala para a existência; ela dela se aproxima, sem nunca mostrar mais do que uma cifra.

8. No livro *Der philosophische Glaube* de 1948, Jaspers se expressa, é verdade, de uma maneira notadamente mais positiva sobre a oração, a fim de aproximar os dois domínios; mas ele atenua a diferença mais vital, quando compreende a "certeza especulativa", "onde ela se tornou genuína contemplação", como a mais alta forma de oração.

9. "Diálogo" (1930), capítulo "Os Signos"; no presente volume à página 43.

Só que o que antes foi mencionado é que esta cifra é, "miticamente falando, a cifra do demônio, tão visível como a cifra da divindade". Torna-se assim claro o diferente significado das coisas que se tem em mente aqui e lá. Que espécie de "transcendência" maravilhosa é esta em que as escritas cifradas confundem-se fatalmente! Com o devido respeito ao demônio, miticamente falando, não se deveria contudo atribuir-lhe tanto poder para que com o seu código ele pudesse não somente perturbar mas também transtornar o código de Deus. Se o conceito da "escrita cifrada" deve ter um sentido inequívoco, então deve ser pressuposta uma instância cifradora que quer que eu decifre de uma forma correta a sua escrita destinada para a minha vida e que ela torne esta decifração possível, mesmo que com dificuldade. É verdade que Jaspers explica aqui claramente que "a consciência genuína da transcendência" defende-se contra "pensar" Deus "simplesmente como uma personalidade". Pois bem, muito homem de fé concordaria com isto; se apenas a palavra "simplesmente" fosse suficientemente enfatizada. Para ele, para este homem de fé, Deus não é simplesmente uma pessoa; para ele, Ele é também pessoa que, de toda a infinidade de seus atributos, volta-se para ele, homem de fé, no seu relacionamento com ele, neste um atributo, a característica de pessoa, também apenas um atributo existente entre outros atributos. Mas, apesar daquele "simplesmente", Jaspers não quer de forma alguma ser assim compreendido. "Eu recuo", continua ele, "imediatamente no impulso que faz com que a divindade se torne Tu para mim, pois sinto que violo a transcendência". Desta maneira é permitido que Deus seja tudo, mas não pode ser, justamente, uma pessoa e isto devido ao fato de que a personalidade é *per definitionem* "a maneira própria do ser", "que pela sua essência não pode ser sozinho". Como se uma definição destas devesse conservar sua validez mesmo no paradoxo da Pessoa absoluta, já que o Absoluto, na medida em que existe uma possibilidade de pensá-lo, só pode aparecer ao pensamento como *complexio oppositorum*! E mesmo se ela conservasse sua validez. "A divindade", censura Jaspers, "precisaria de nós, do homem, para a comunicação"; mas, entre as doutrinas de fé, parece-me não ser indigna a da transcendência, que permite que Deus tenha criado os homens para se comunicarem com ele. Estabelece-se contudo finalmente que a "comunicação com a divindade" tem "a tendência de tolher a comunicação entre os homens", pois a "comunicação de indivíduo a indivíduo, enquanto realidade verdadeiramente presente, onde a transcendência pode vir a falar", é "paralisada quando a transcendência é trazida diretamente como um Tu para uma proximidade demasiada e é ao mesmo tempo degradada". Vejamos bem: o homem que ora, que se atreve humildemente a dirigir-se de uma forma pessoal e direta ao Ente supremo enquanto Ente que lhe está presente, degrada-o justamente com isto e justamente com isto paralisa em si a capacidade de comunicar-se com os seus semelhantes. No interior do pensamento do que parece ser a mesma idéia o pólo oposto manifesta-se aqui ao nosso entendimento.

A esta conclusão filosófica que não era um fim seguiram-se duas décadas nas quais destacaram-se muitos trabalhos notáveis — que não serão aqui discutidos — especialmente no que diz respeito à valorização da nova visão para campos intelectuais, tais como sociologia, pedagogia, psicologia, psicoterapia e ciência médica. Mas não posso renunciar à abordagem de uma destas obras, certamente uma obra importante, pois nela uma passagem faz parecer necessário um esclarecimento meu, pessoal e fatual. É a segunda parte de *Lehre von der Schöpfung* (1948) da obra *Kirchlicher Dogmatik* de Karl Barth.

Para a sua apresentação da "forma básica da humanidade", com toda a plenitude e força próprias do seu pensamento teológico, Barth recorre assim mesmo ao produto específico de um movimento espiritual cujo caminho tinha sido trilhado pela primeira vez nos séculos dezoito e dezenove por um idealista não pertencente à Igreja, mas homem de fé e por um sensualista descrente, movimento que encontrou uma expressão bastante satisfatória no século vinte com a participação não insignificante de alguns judeus religiosos. Não que Barth o tenha anexado ao Protestantismo da Reforma como fez uma vez Gogarten num gesto quase ingênuo: exercendo ele próprio "a liberdade do coração" que prega, numa esfera tão difícil quanto a da teologia, procura fazer justiça ao espírito que sopra fora da Cristandade. Adota assim de um lado, naturalmente na forma de um pensar próprio e genuíno, o nosso reconhecimento da separação fundamental entre o Isto e o Tu e o verdadeiro ser do Eu no encontro: de outro lado, ele não pode admitir exatamente que esta espécie de visão da humanidade possa ter crescido em qualquer outro terreno que não seja o cristológico (Jesus Cristo como "o homem para o seu semelhante e assim a imagem de Deus"). Ele constata, na verdade, que "a antropologia teológica, aqui no seu próprio caminho, ao trilhá-lo decididamente até o fim, chega a princípios que são muito semelhantes àqueles pelos quais a humanidade já foi abordada de lados totalmente diferentes (por exemplo pelo pagão Confúcio, pelo ateu L. Feuerbach, pelo judeu M. Buber)",

e pergunta com toda legitimidade: "Deveríamos nós abstermo-
nos por isso destas afirmações?"; sim, ele pretende se "alegrar,
com toda a tranqüilidade, com o fato que, na direção geral da
nossa pesquisa e da nossa apresentação, encontramo-nos numa
certa concordância com os mais sábios entre os sábios deste
mundo"; mas ele guarda — certamente sem querer "insistir" —
uma forte dúvida: "se e em que medida eles (aqueles "mais sábios") podem por sua vez nos seguir nas últimas e decisivas conseqüências desta concepção..." Em oposição a este pronuncia-
mento, devo fazer antes de tudo uma pequena ressalva à linguagem: não seria concebível que estes mais ou menos sábios acima
mencionados, embora não "sigam" àqueles teólogos ("nós"),
não o façam somente porque chegaram eles mesmos, nas suas
próprias buscas, senão necessariamente a "conseqüências" iguais,
mas a "conseqüências" semelhantes? Barth preocupa-se aqui
com "aquela liberdade do coração entre homem e homem enquanto raiz e coroa do conceito de humanidade" — de certo é
ela que ele pensa necessariamente não encontrar nos mencionados não-cristãos, justamente enquanto tais. O que a ele interessa
é que o homem é homem, enquanto lhe agrada ser humano:
"agrada no sentido em que um 'desagrada' está fora de questão".
Onde pode ser encontrado este "agradar" e onde não? "Enfim
não nos parece", diz Barth, "que este seja seguramente o caso de
Confúcio, de Feuerbach, de Buber". Não gostaria de defender
neste contexto nem a sublime — se bem que para mim algo estranha — doutrina confucionista, nem a doutrina de Feuerbach,
que é mais antropologicamente postulativa do que originalmente
humanitária. Mas, no que diz respeito a mim mesmo, não posso
deixar de prestar um esclarecimento. Seria certamente desagra-
dável depender de contrapor as próprias certezas às dúvidas que
nos acometem de fora. Mas de fato é tão desnecessário falar aqui
do meu mundo de pensamento pessoal enquanto tal como é desnecessário falar do mundo de Barth; aliás, é o mundo hassídico
no meu entendimento que está em confronto com o mundo de
fé protestante no entendimento de Barth. E aí, entre os *hassidim* — num mundo de fé, cuja doutrina é, em última instância,
o comentário a uma vida vivida — o "agradar" da liberdade do
coração não é, é verdade, conseqüência, mas é o mais íntimo
pressuposto, é o fundamento dos fundamenos. Ouçamos só como é dito aí: "Inteligência sem coração não é nada. Piedade é
falsa". Pois "o verdadeiro amor a Deus inicia-se com o amor ao
homem". Mas eu gostaria de poder mostrar a Karl Barth aqui,
em Jerusalém, como os *hassidim* — dançam a liberdade do coração para com o semelhante.

171

MARTIN BUBER NA PERSPECTIVA

O Socialismo Utópico (D031)
Do Diálogo ao Dialógico (D158)
Sobre Comunidade (D203)
As Histórias do Rabi Nakhman (P018)
A Lenda do Baal Schem (P021)
Histórias do Rabi (J004)

FILOSOFIA NA DEBATES

O Socialismo Utópico, Martin Buber (D031)
Filosofia em Nova Chave, Susanne K. Langer (D033)
Sartre, Gerd A. Bornheim (D036)
O Visível e o Invisível, M. Merleau-Ponty (D040)
A Escritura e a Diferença, Jacques Derrida (D049)
Linguagem e Mito, Ernst Cassirer (D050)
Mito e Realidade, Mircea Eliade (D052)
A Linguagem do Espaço e do Tempo, Hugh M. Lacey (D059)
Estética e Filosofia, Mikel Dufrenne (D069)
Fenomenologia e Estruturalismo, Andrea Bonomi (D089)
A Cabala e seu Simbolismo, Gershom Scholem (D128)
Do Diálogo e do Dialógico, Martin Buber (D158)
Visão Filosófica do Mundo, Max Scheler (D191)
Conhecimento, Linguagem, Ideologia, Marcelo Dascal (org.) (D213)
Notas para uma Definição de Cultura, T. S. Eliot (D215)
Dewey: Filosofia e Experiência Democrática, Maria Nazaré de C. Pacheco
   Amaral (D229)
Romantismo e Messianismo, Michel Löwy (D234)
Correspondência, Walter Benjamin e Gershom Scholem (D249)
Isaiah Berlin: Com Toda Liberdade, Ramin Jahanbegloo (D263)
Existência em Decisão, Ricardo Timm de Souza (D276)
Metafísica e Finitude, Gerd A. Bornheim (D280)
O Caldeirão de Medéia, Roberto Romano (D283)
George Steiner: À Luz de Si Mesmo, Ramin Jahanbegloo (D291)
Um Ofício Perigoso, Luciano Canfora (D292)
O Desafio do Islã, Roberto Romano (D294)
Platão: uma Poética para a Filosofia, Paulo Butti de Lima (D297)
Ética e Cultura, Danilo Santos de Miranda (org.) (D299)
Emmanuel Lévinas: Ensaio e Entrevistas, François Poirié (D309)
Preconceito, Racismo e Política, Anatol Rosenfeld (D322)
Razão de Estado e Outros Estados da Razão, Roberto Romano (D335)
Lukács e Seus Contemporâneos, Nicolas Tertulian (D337)

Este livro foi impresso em Cotia,
nas oficinas da Meta Brasil,
para a Editora Perspectiva.